企画展

出雲国を彩るかざり

松江歴史館

ごあいさつ

神々の地といわれる出雲国には多くの社寺が存在し、祭礼や神楽など特色ある伝統行事を今もみることができます。また古代には装身具や出雲特有の須恵器に、近世には武家や庶民それぞれ特色あるしつらえや意匠《いしょう》、調度品などに「かざり」の文化がみられ、年中行事やさまざまな風習を通して「かざり」を享受してきました。本展では、日本文化の特色の一つである「かざり」について松江をはじめとした出雲地方にみられる姿を紹介します。

最後に本展覧会のために、貴重な作品をご出品賜りました所蔵者の皆様、博物館等関係諸機関の皆様に深く御礼申し上げます。

令和二年十二月

松江歴史館　館長　藤岡大拙

目次

凡例

一、本書は、令和二(二〇二〇)年十二月四日(金)から令和三(二〇二一)年二月七日(日)までの期間、松江歴史館企画展示室で開催の企画展「出雲国を彩るかざり」の展示図録である。

一、作品解説は、作品名称、製作年代、所蔵者の順に記載した。

一、図録と展示の構成は必ずしも一致しない。なお、展示品の中には、本図録に掲載していないものがある。

一、写真は古代出雲歴史博物館(出雲国杵築大社御神殿天井八雲之図、神魂神社本殿内絵画、眞名井神社扉絵、八重垣神社板絵神像、勅使代参向図　作品番号４～７、９、56、57)、ＮＰＯ法人東出雲まちの駅女寅(意宇六社本殿全景写真)、島根県教育庁文化財課(眞名井神社天井絵)、鹿島歴史民俗資料館(作品番号１、１の参考図版)、島根県埋蔵文化財調査センター(作品番号２)、平田一式飾り保存会(作品番号63)より写真の提供を受けた。記して謝意を表する。

一、本展の企画および本書の編集・執筆は、大多和弥生(当館学芸員)が行い、当館学芸係がこれを補助した。なお、「第一章　古代のかざり」解説は木下誠(当館学芸係長)が執筆した。

プロローグ

本殿内絵画

本殿内部の見学はできません。

出雲地方が神々の地と呼ばれる所以として、神在月（旧暦十月）に全国の神々が出雲に集まることや『古事記』『日本書紀』などに出雲を舞台とした神話がみられることが挙げられます。

松江には意宇六社《おうろくしゃ》である熊野《くまの》大社、神魂《かもす》神社、眞名井《まない》神社、八重垣《やえがき》神社、六所《ろくしょ》神社、揖夜《いや》神社をはじめとした有力な社寺が存在し、伝統的神事や祭礼が残り、今も多くの人々が崇敬の念を抱いてます。意宇六社は、出雲国造家と深い関わりを持ち、大社造の本殿で内部に壁画を持つのが特徴とされています。意宇《おう》は『出雲国風土記』の「国引き神話」で郡名由来とされ、出雲国の国府が設けられたこの地域は古代の政治・経済・文化の中心地でした。

プロローグでは、出雲大社そして意宇六社の本殿に描かれる壁画を、神々の坐す空間を彩るための「かざり」と捉えて紹介します。

出雲大社

社紋　二重亀甲に剣花菱
古来は、亀甲に「有」文字

本殿内絵画

寛文七（一六六七）年の造営遷宮において狩野派の絵師・黒田弥兵衛が本殿天井に描いた八雲図である。その絵に北島国造家の上官・佐草自清《さくさよりきよ》が註をつけている。

註に「心ノ黒雲ヨリ始リ、水生木々生火々生土々生金ト次第の彩色也　残リハ次第無之　心ノ雲ヨリ書出スト見ヘタリ　古来ヨリ　当家ニテハ　佐草家ヨリ心ノ入申者也」とあり、五行（水木火土金）相生と五色（黒青赤黄白）の考え方が記されており興味深い。

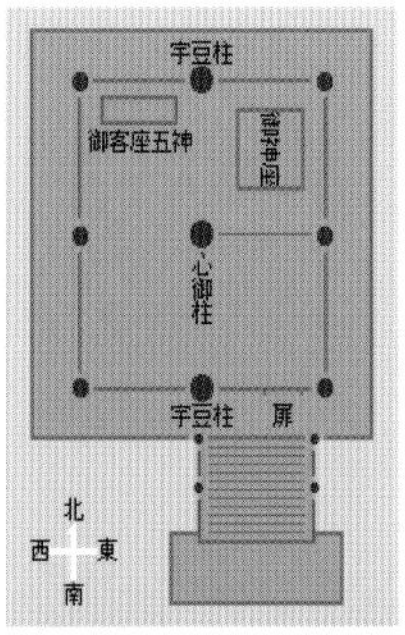

出雲大社公式ホームページより転載。

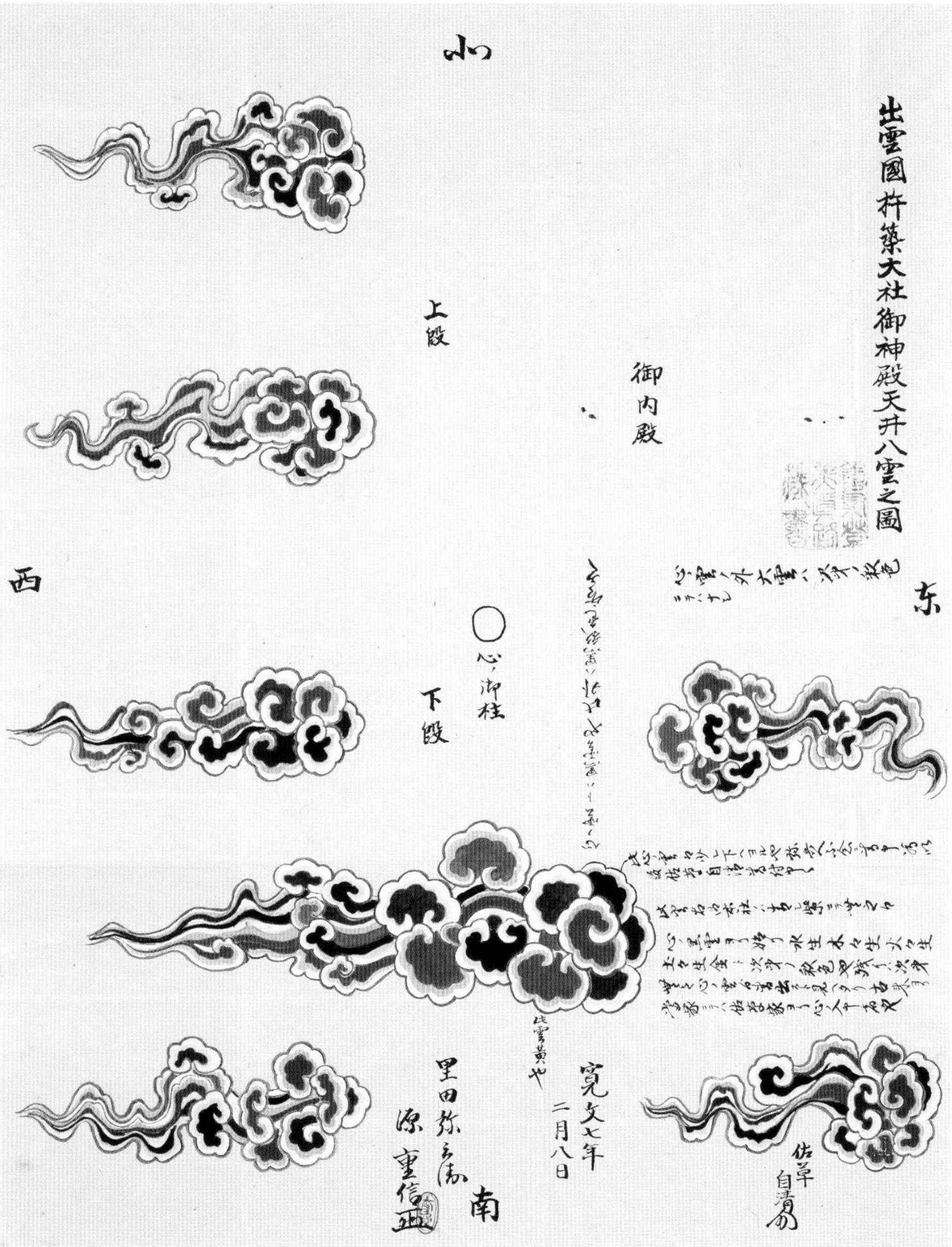

出雲国杵築大社御神殿天井八雲之図（写真展示）
江戸時代　寛文7（1667）年　千家家蔵

熊《くま》野《の》大社

社紋　亀甲に「大」文字

熊野大社本社並摂末社々殿絵図

現在の熊野大社本殿には壁画はみられず、末社に彩雲図が描かれていると伝わる。下記絵図は明治期に上の宮（熊野三社）が下の宮（現：熊野大社）に合祀される前の姿を描いており、往時の景観と風情をよく伝えている。

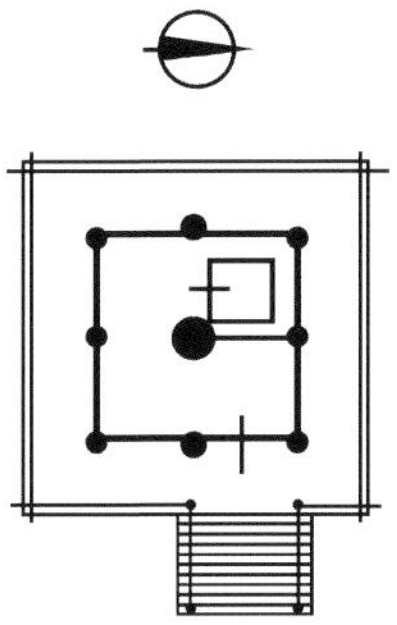

本殿平面図

熊野大社本社並摂末社々殿絵図（写真展示）　元禄11（1698）年以前の風景か
明治時代　20世紀　熊野大社蔵

神魂《かもす》神社

社紋　二重亀甲に「有」文字

本殿内絵画

神魂神社本殿（国宝）は天正十一（一五八三）年に建立されたとされる。昭和二十三年度の修理の際に発見された主柱上部の突起《ほぞ》に「正平元年内戌十一月日」の墨書がある。内部天井に五色の八雲図、内壁八面に花鳥図、佐太神社景図、流鏑馬図、出雲国造角力観覧図、舞楽・田楽図、中央梁側面に雲龍、扉二面に日象・月象と舞楽の図が描かれている。

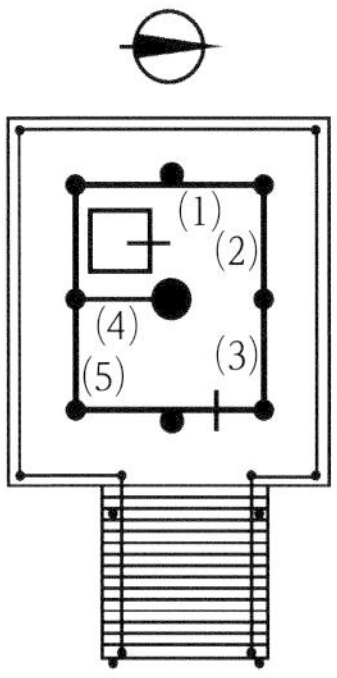

本殿平面図

⑴花鳥図
⑵佐太神社景図
⑶出雲国造角力観覧図
⑷流鏑馬図
⑸舞楽・田楽図

天井絵（写真展示）

壁画　出雲国造角力観覧図（写真展示）

扉絵　舞楽図（写真展示）

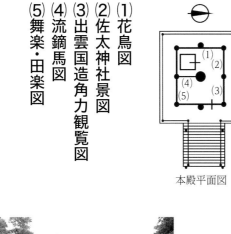

眞《ま》名《な》井《い》神社

社紋　二重亀甲に「有」文字

本殿内絵画

内壁五面と扉二面、及び天井と梁に、七月七日の神事や彩雲・雲龍などの絵画を描く。

扉の舞楽図には、二人の童子が舞台で舞い、下辺で楽人が横笛・琵琶・箏・太鼓を演奏する様子が描かれる。寛文二（一六六二）年造営の際、もしくはそれ以降に描かれたと考えられている。

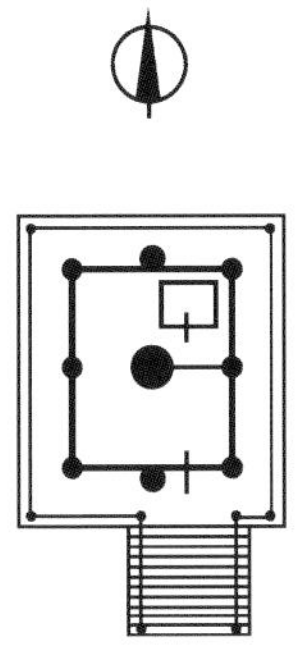

本殿平面図

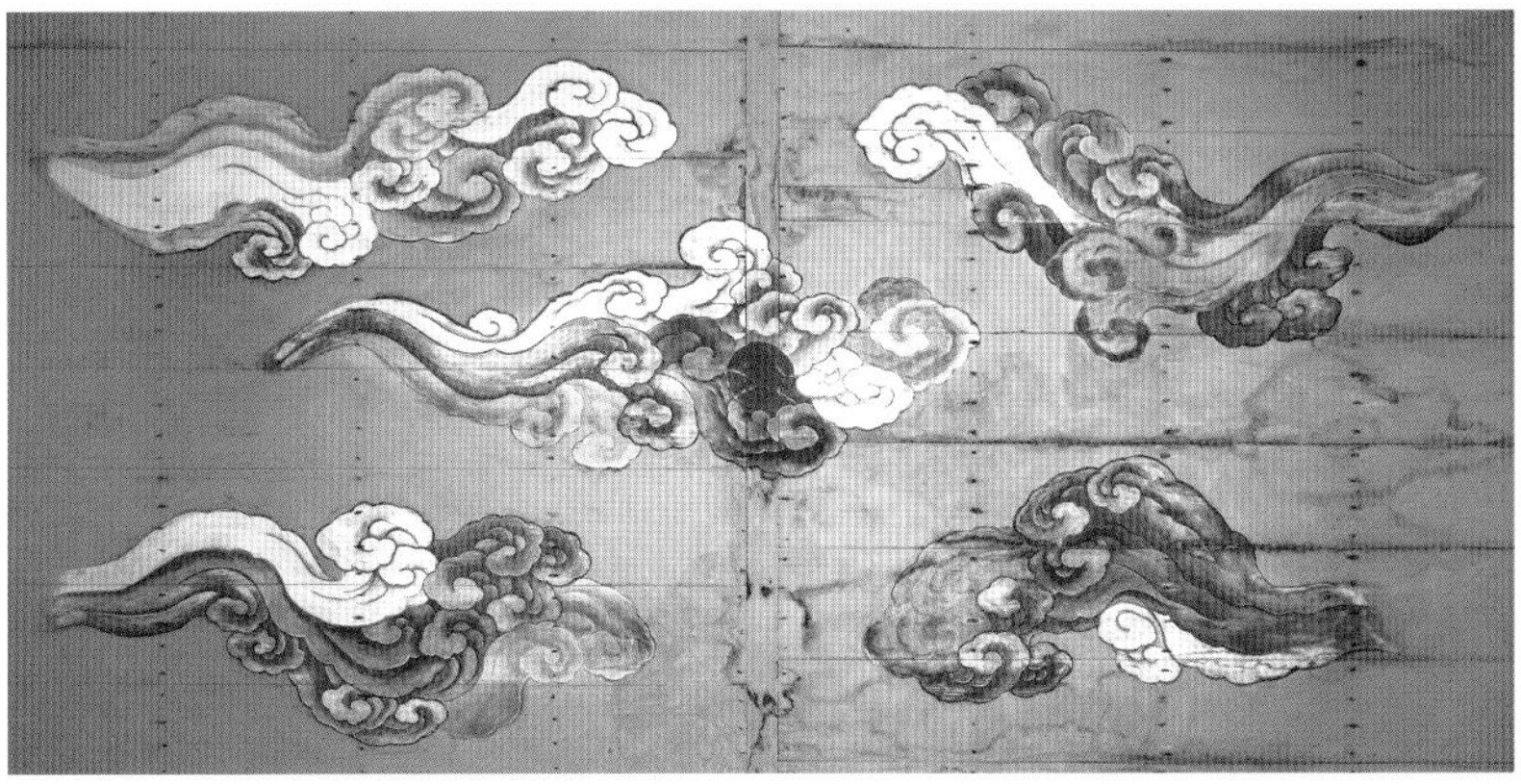

天井絵（写真展示）

扉絵　舞楽図（写真展示）

八重垣《やえがき》神社

社紋　二重亀甲に剣花菱

本殿内絵画

本殿の内壁三面に、素戔嗚尊《すさのおのみこと》・稲田姫命《いなだひめのみこと》・天照大神・市杵《いちき》嶋姫命《しまひめのみこと》・脚摩乳命《あしなづちのみこと》・手摩乳命《てなづちのみこと》と伝わる六神像（社伝による）が描かれ、現在は保存のために修理し、宝物収蔵庫で保管・展示されている。市杵嶋姫命は、天照大神が素戔嗚尊と行った誓約の際に、素戔嗚尊の十握剣《とつかのつるぎ》から生まれた三姫内の一姫。脚摩乳命・手摩乳命は、稲田姫命の父母。絵は作風から天正年間（一五七三～一五九一）に制作されたと考えられるが、室町時代に既に描かれていた板絵が天正時代に補修された可能性もある。

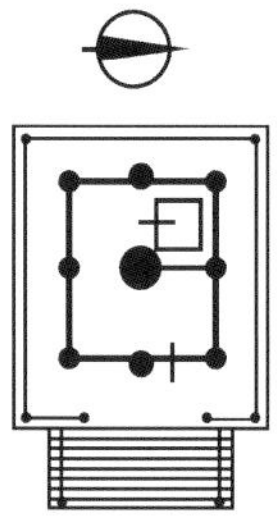

本殿平面図

（西面）伝素戔嗚尊・稲田姫命（写真展示）

（東面）伝天照大神・市杵嶋姫命（写真展示）

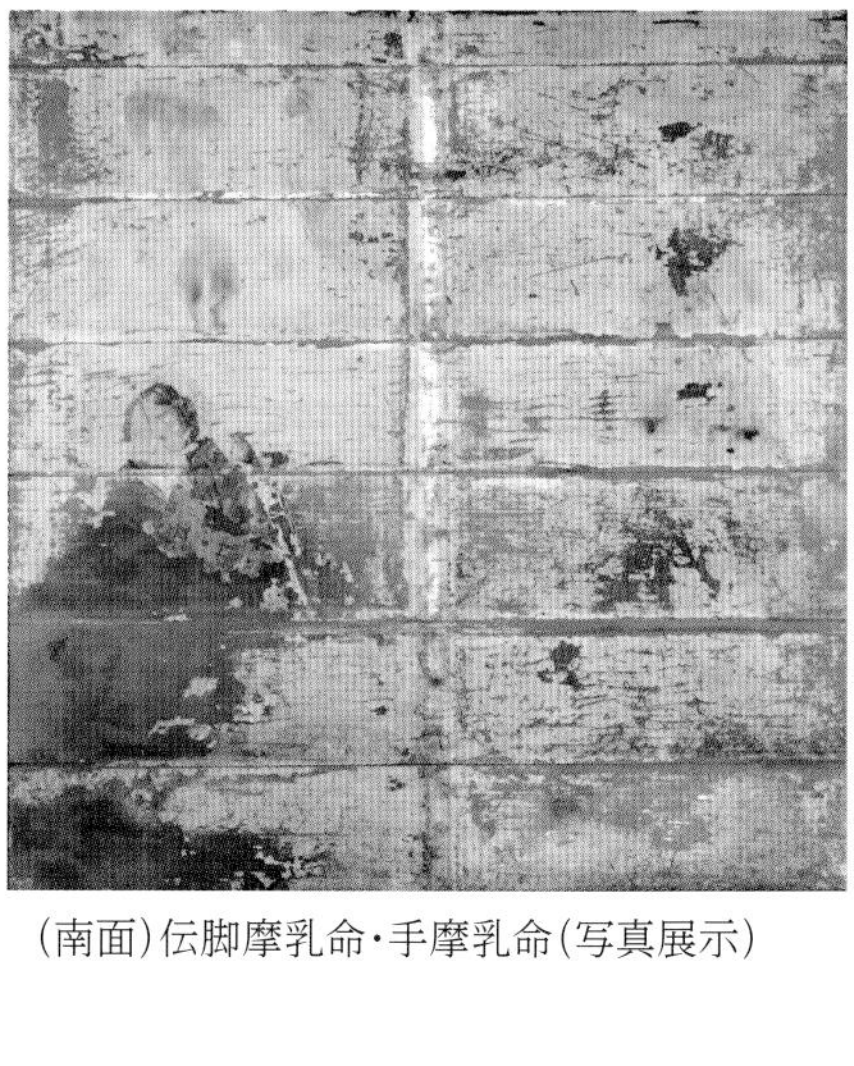

（南面）伝脚摩乳命・手摩乳命（写真展示）

六所《ろくしょ》神社

社紋　二重亀甲に「有」文字

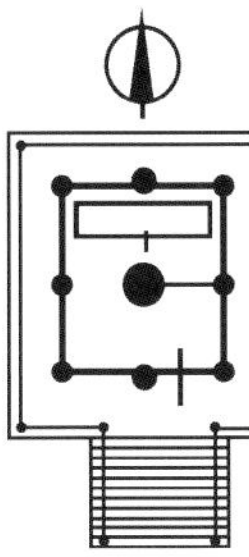

本殿平面図

勅使代参行図　江戸時代（写真展示）

本殿内絵画

神魂神社と同様に本殿の内壁に貼り付けられていた紙本の著色絵で、勅使代参向図・内裏図・祭儀図など、いかにも出雲国の総社らしい特徴が表れている。掛軸に仕立て直され、絵図の裏に□化十三年修復の墨書が見える。六所神社と熊野大社は天文十一（一五四二）年、大内氏の乱入による破壊焼失の災禍に遭っているため、それ以降の作画であり、作風等から江戸時代初期の作と考えられている。勅使代参向行列の衣装や持物、袴のデザインも異彩で、輿に付けられた紋章が熊野大社宮司家の家紋であることも綸旨に記されている「観応元（一三五〇）年以降は熊野大納言が勅使代として参向すること」と符合していて興味深い。

揖《い》夜《や》神社

神紋　二重亀甲に剣花菱

本殿内絵画

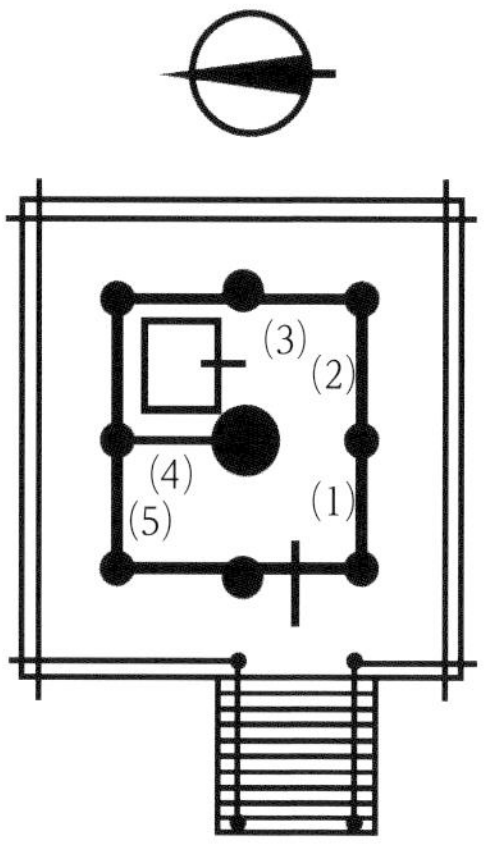

本殿平面図と壁画位置

(1)御幸図
(2)御田植神事
(3)御田打神事
(4)舞楽図
(5)舞楽図

本殿内部

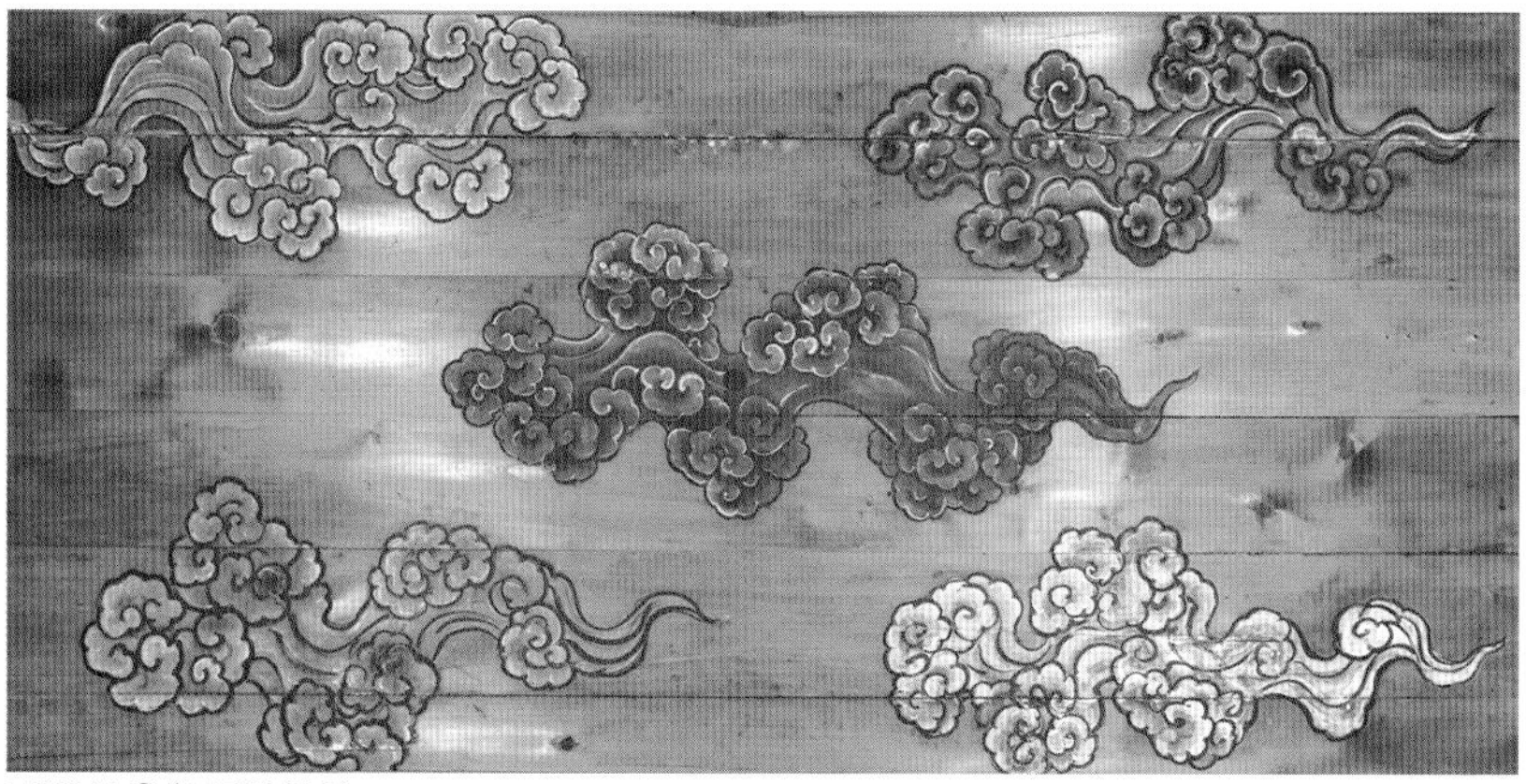

天井絵①(写真展示)

(3)御田打神事(写真展示)

(2)御田植神事(写真展示)

天井絵②(写真展示)

内壁五面には御田植神事や御幸図などの絵画、天井には黒・青・赤・黄・白の五色などで彩色した彩雲を八つ描く。梁を境にして上下別の主題になっている。(1)御幸図の上部に幾人かの神官が小舟に乗っている姿を描いていることから、揖夜神社で行う一ッ石神幸祭の場面であることが考えられる。制作年代は江戸時代後半以降と考えられている。

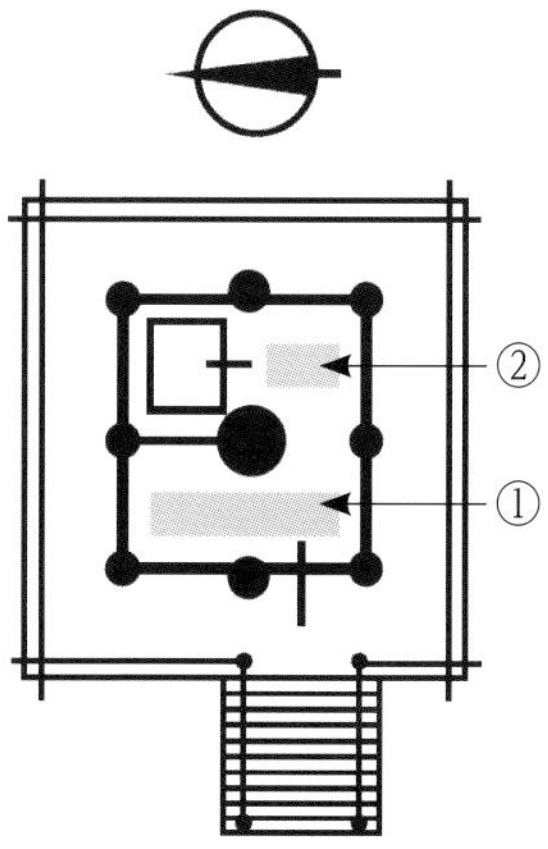

天井絵配置図

第一章 古代のかざり

古墳時代の出雲地方で盛んに用いられた「かざり」に、装飾付須恵器の出雲型子持壺や、勾玉など人々の身体を飾った玉類があります。

出雲型子持壺は、脚付きの親壺に小さな𤭯形《はそう》の子壺をたくさんつけた須恵器で、出雲地方東部を中心に後期古墳や横穴墓からしばしば出土します。親壺や子壺の底が抜けている他地域にはみられない特徴をもつ出雲型子持壺は、松江市大井町の大井窯跡群で生産され、出雲特有の古墳祭祀道具として利用されました。

古墳時代の玉類は、古墳の副葬品として出土することが多く、装飾品的な要素だけでなく財力や呪力を体現する威信財としての性格も有していたと考えられています。また、古墳時代前期後半以降、松江市玉湯町の花仙山産の碧玉《へきぎょく》やメノウ、水晶を用いて同地周辺で作られた勾玉類は、「出雲ブランド」として出雲地方のみならず全国各地の首長のもとへ流通しました。

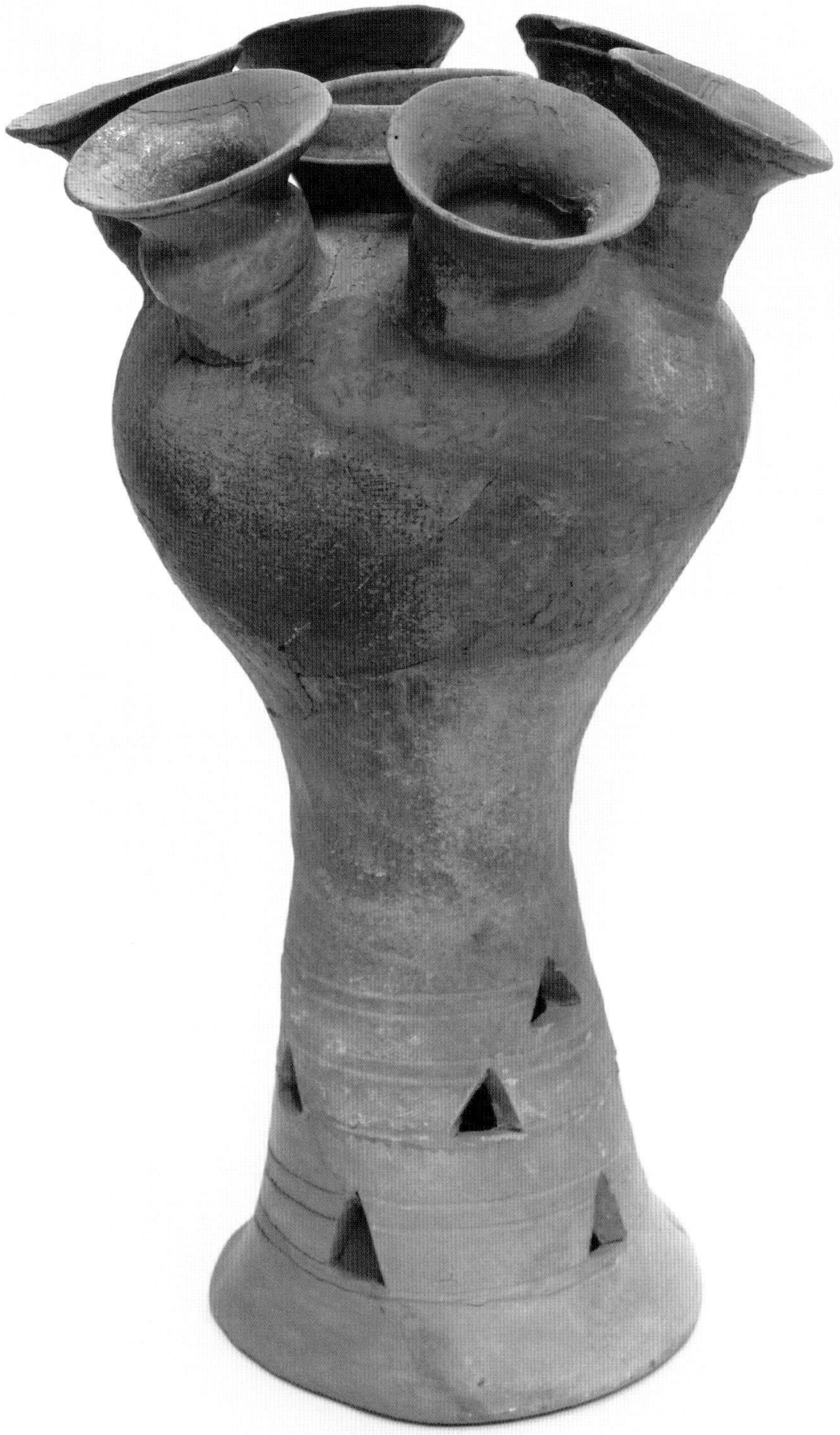

1　出雲《いずも》型《がた》子《こ》持壺《もちつぼ》

講武《こうぶ》向山《むこうやま》古墳出土（松江市鹿島町）

古墳時代後期　6世紀後半
島根大学法文学部考古学研究室・松江市蔵（鹿島歴史民俗資料館保管）

脚付きの親壺の肩部に小さな𤭯《はそう》形の子壺を６個もち、脚部に三角形の透かしが見られる。親壺に底がなく、子壺の底部も刳《く》り抜かれているなど、出雲型子持壺の諸要素を備えており、現在最も古い出雲型子持壺だと位置づけられている。

2　子持壺蓋《こもちつぼふた》

岡田薬師《おかだやくし》古墳出土(松江市法吉町)

古墳時代後期　6世紀後半
島根県埋蔵文化財調査センター蔵

須恵器蓋坏《ふたつき》の蓋に小型の𤭯《はそう》が接合した形状をしている。本品は石室内から出土したが、墳丘の裾付近からは出雲型子持壺も出土した。講武向山《こうぶむこうやま》古墳の出雲型子持壺にみられる親壺の口縁部には、本品のような蓋があったと考えられている。

(参考図版)岡田薬師古墳出土の蓋をのせた
講武向山古墳出土の出雲型子持壺(画像提供:鹿島歴史民俗資料館)

3　子持𤭯《こもちはそう》

増福寺《ぞうふくじ》20号墳出土(松江市八雲町)
松江市指定文化財

古墳時代中期　5世紀
松江市蔵(島根県立古代出雲歴史博物館保管)

親𤭯にあたる大型𤭯の肩部に、元々4個の小型の子壺がつく須恵器である。出土時は子壺を1個のみ伴っていたが、付近の祭祀遺跡である前田遺跡から出土した子壺1個が本品の親𤭯と接合した。出雲型子持壺は子持壺・子持𤭯とそれをのせる筒形器台とが結合して成立したと考えられている。

4　玉飾り

石田《いしだ》古墳出土（松江市浜佐田町、同市薦津《こもづ》町）

古墳時代前期後半　4世紀　松江市蔵

古墳の埋葬施設から、メノウ製とヒスイ製の勾玉《まがたま》それぞれ一対と、花仙山《かせんざん》産の碧玉《へきぎょく》製管玉《くだたま》6点、扁平《へんぺい》な小玉160点以上などが出土した。これらの玉類は出土状況から被葬者の頭や頸《くび》を飾ったものだと考えられる。古墳時代前期後半になると、出雲では松江市玉湯町の花仙山産の赤いメノウや白く透き通った水晶を用いて勾玉製作を始めた。それまで基調となっていた碧《あお》い玉類に、赤や白（透明）が加わり色彩豊かになった。

6　玉飾り　的場《まとば》遺跡出土（松江市上本庄町）

古墳時代中期　5世紀　松江市蔵

的場5号墳と6号墳の間に造られた木棺墓《もっかんぼ》から、メノウ製勾玉《まがたま》１点、碧玉《へきぎょく》製管玉《くだたま》2点と多数のガラス玉が出土した。青・緑系のガラス玉や管玉との対比で、赤白系の勾玉が鮮やかに見える。

5　玉飾り

釜代《かましろ》１号墳出土（松江市西浜佐陀町）

古墳時代前期後半　4世紀　松江市蔵

2つある埋葬施設のうちの一つから、内行花文鏡《ないこうかもんきょう》とともに碧玉《へきぎょく》製勾玉《まがたま》１点とガラス製小玉67点が出土した。碧玉製勾玉は全長4.3㎝の大型品で、石の結晶構造が表面に現れて美しい模様に見える。古墳時代前期後半、出雲では花仙山《かせんざん》産の碧玉で管《くだ》玉《たま》だけでなく、勾玉も製作し始めた。

第二章 祭礼と神楽のかざり

美保神社（松江市美保関町）の青柴《あおふし》垣神事《がきしんじ》は「国譲り」の神話を由来とした祭礼です。祭礼は彩色豊かなかざりと衣装、そして美しい神饌で彩られます。本章では青柴垣神事を描いた絵巻を通して、祭礼に用いられるかざりをご覧ください。

神楽のかざりでは、持田神社（松江市西持田町）の亀尾神能で用いる神能面を紹介します。この神能面のいくつかには、文政七（一八二四）年の墨書があり貴重な資料です。これらの「かざり」は、世俗と神をまつる場を切り離し、神を迎えるために必要な要素だったのではないでしょうか。

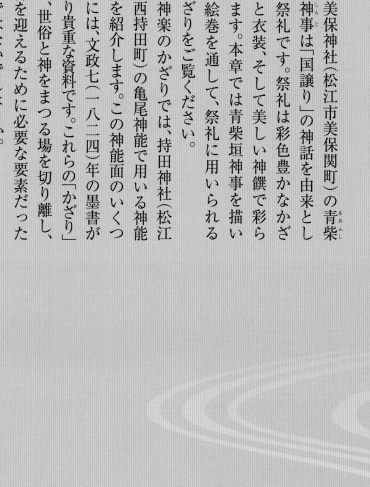

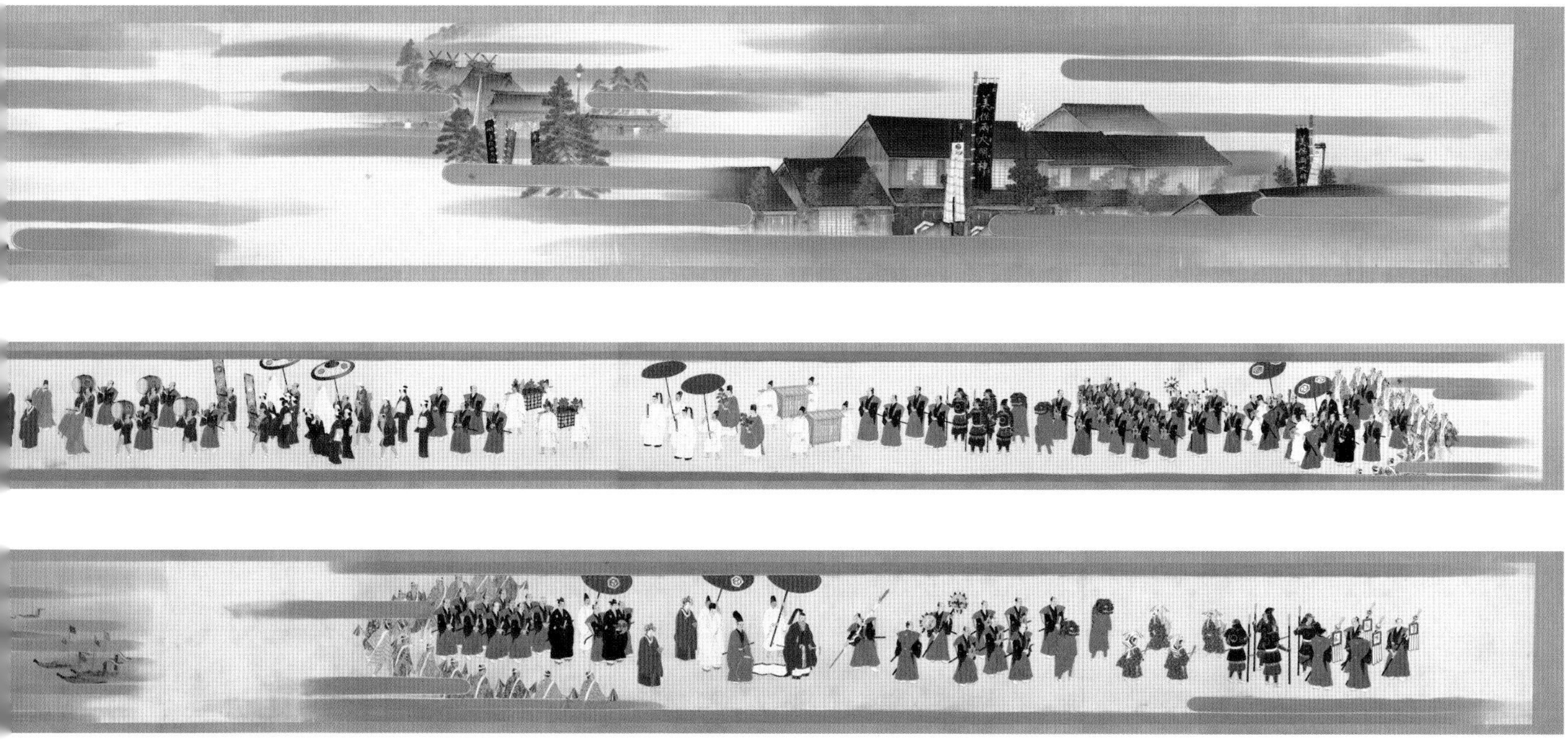

7　蒼柴籬《あおふしがき》神事《しんじ》絵巻《えまき》　中島荘陽《なかじまそうよう》 筆

昭和7(1932)年　美保神社蔵

毎年4月7日に執り行われる青柴垣神事は、「国譲り」の神話に倣って行われる神事で、大国主神から国譲りの相談を受け、譲ることを進言した事代主神が海に身を隠したことにちなみ、一年に一度、神の再生を祈るものである。本絵巻には、祭祀の流れが描かれ、青柴で飾り付けた神船に色とりどりの旗がたなびき、二艘の船が美保神社の前の港内に繰り出している姿を描く。人々が着用する装束や手にする飾りなどの詳細な描写が見える。

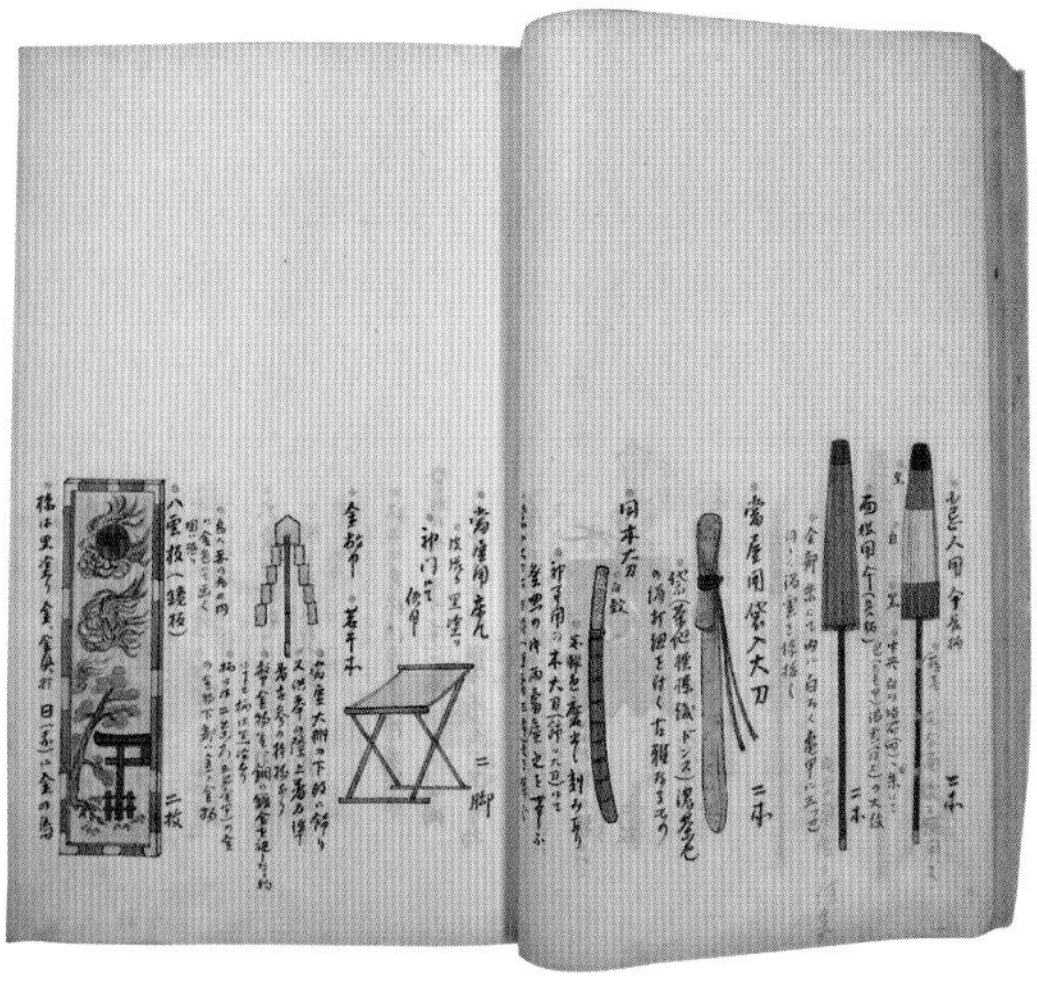

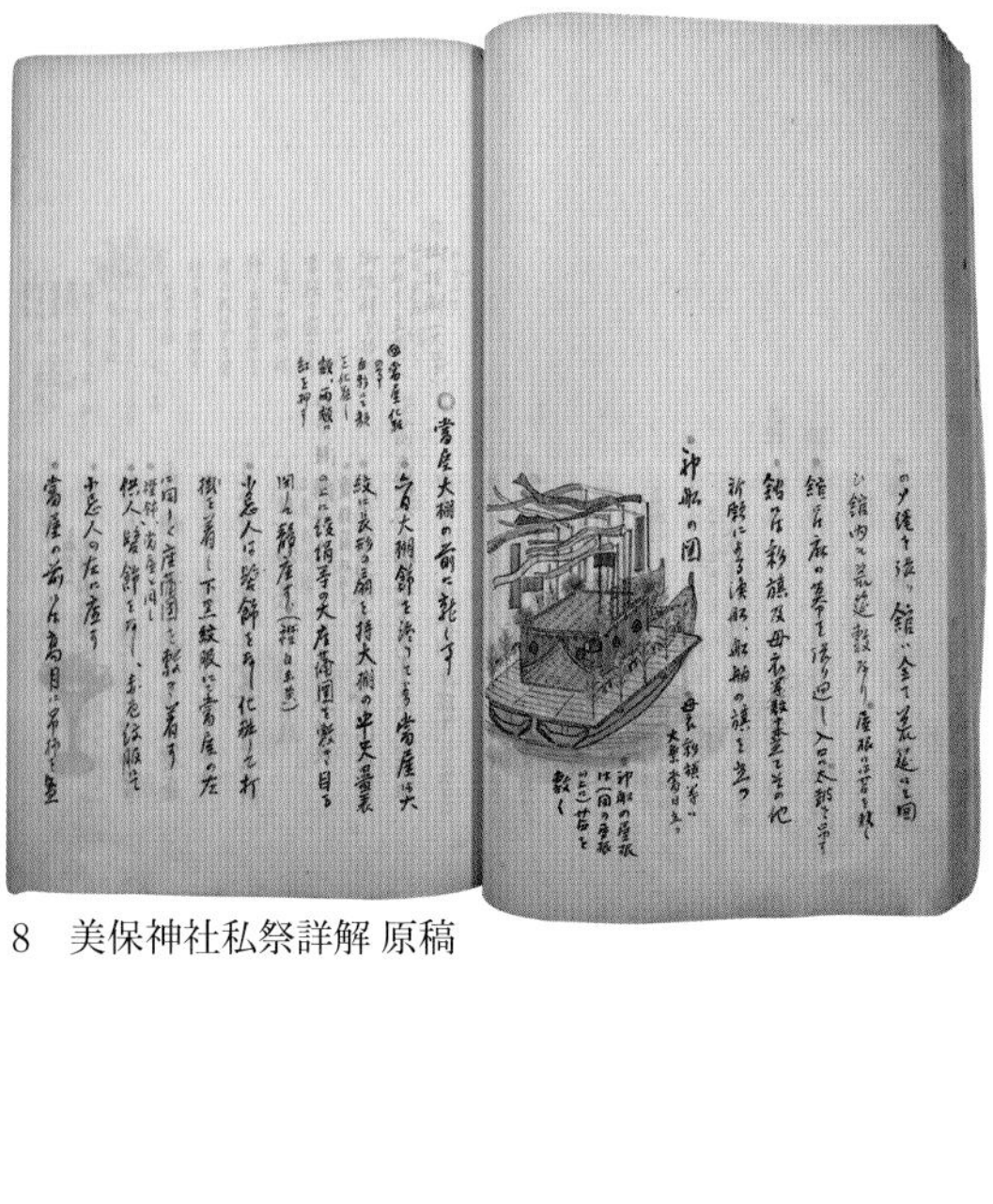

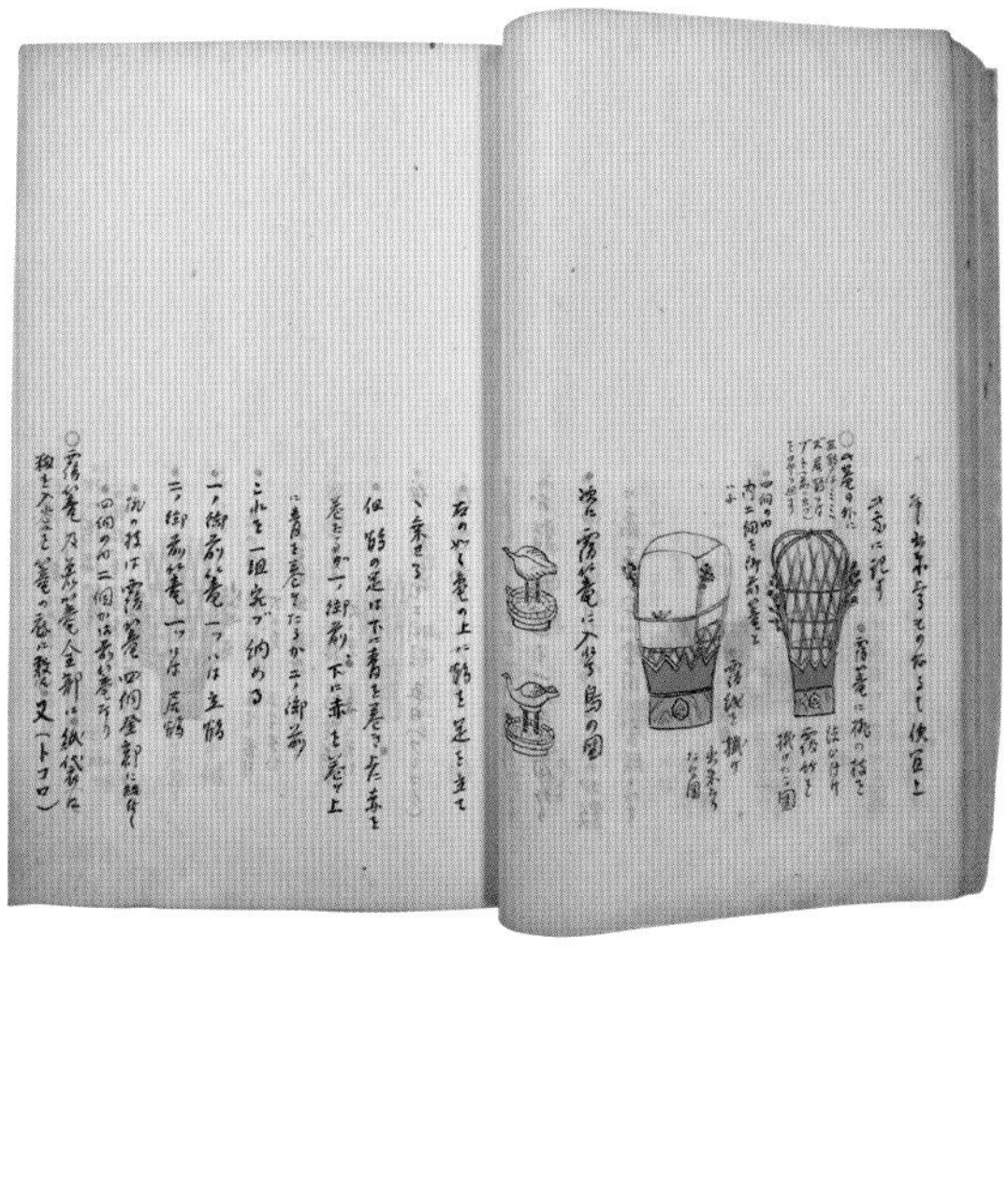

8　美保神社私祭詳解 原稿

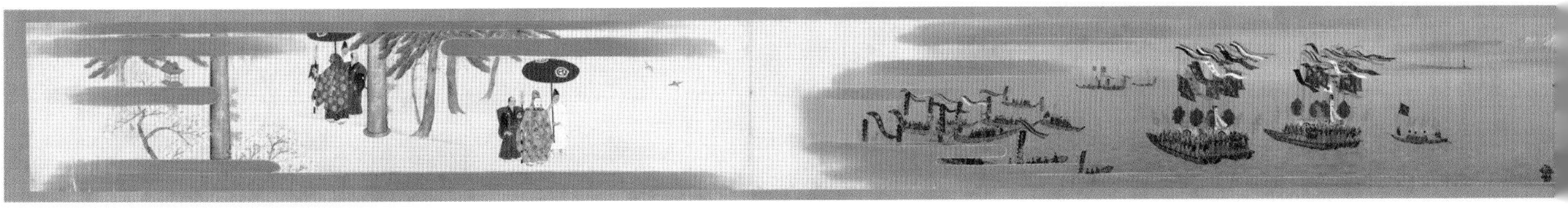

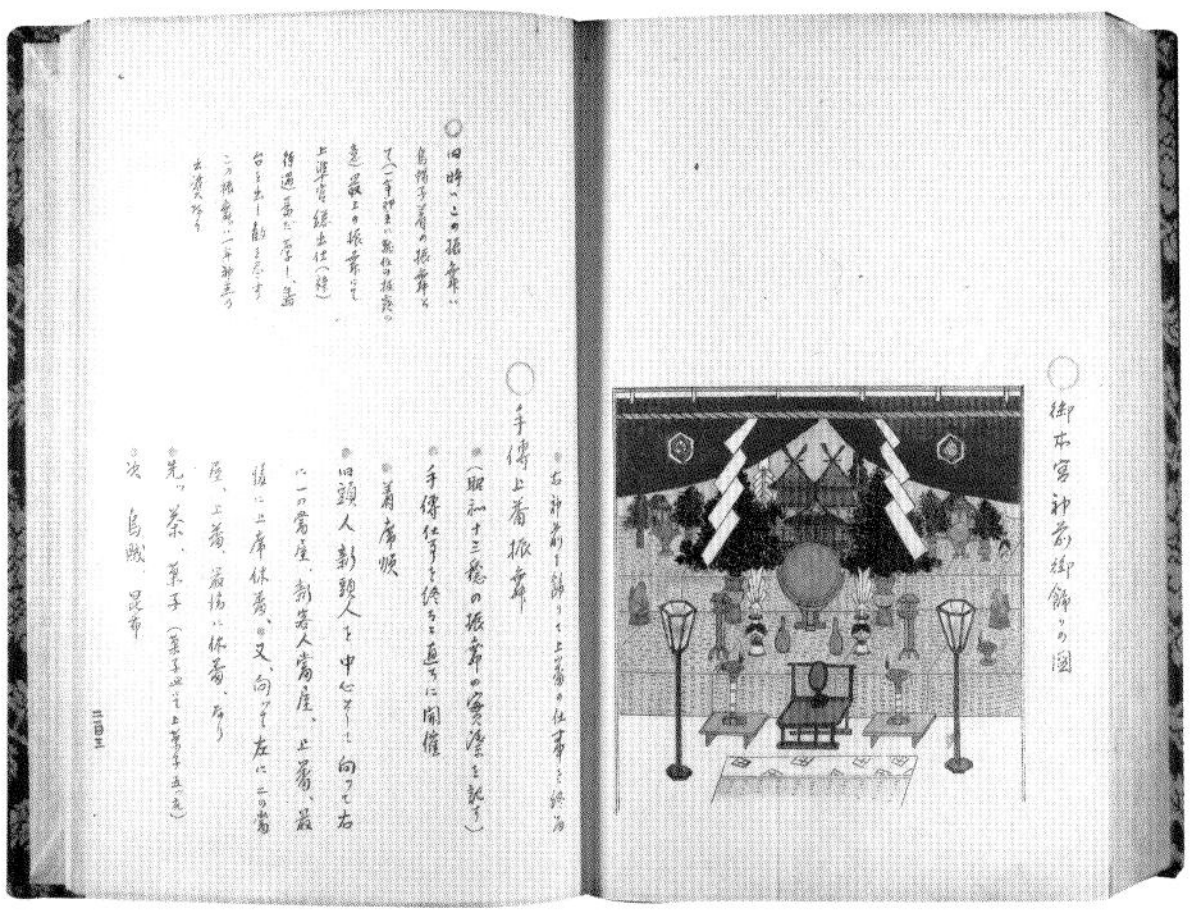

8　美保神社私祭詳解《みほじんじゃしさいしょうかい》 原稿《げんこう》　野村憲治 記

昭和13(1938)年　個人蔵

9　美保神社私祭詳解　野村憲治 記

昭和13(1938)年　美保神社蔵

美保神社の青柴垣神事と諸手船《もろたぶね》神事の次第に関して、詳細に手描きで記録したもの。上官《じょうがん》(氏子の長を務めた家)であった野村憲治によって書き記された。乾と坤の2巻からなり、それまで、祭儀次第は口伝によるものだった。

青柴垣神事における當屋《とうや》の大棚飾りや神饌の作り方、神船の立て方などを絵付きで解説している。祭祀に用いる種々の鮮やかな飾りが描かれる中で、豪華な神饌の描写が目をひく。覆籠《おおいかご》は、青竹で組んだ籠の両脇に梅の立枝を指し、底を緑の化粧紙で飾る籠である。籠の中には、糝粉《しんこ》(米を搗《つ》いて、石臼で精白したもの)で作った鶴と亀の形をした酉造《とりつくり》が入る。

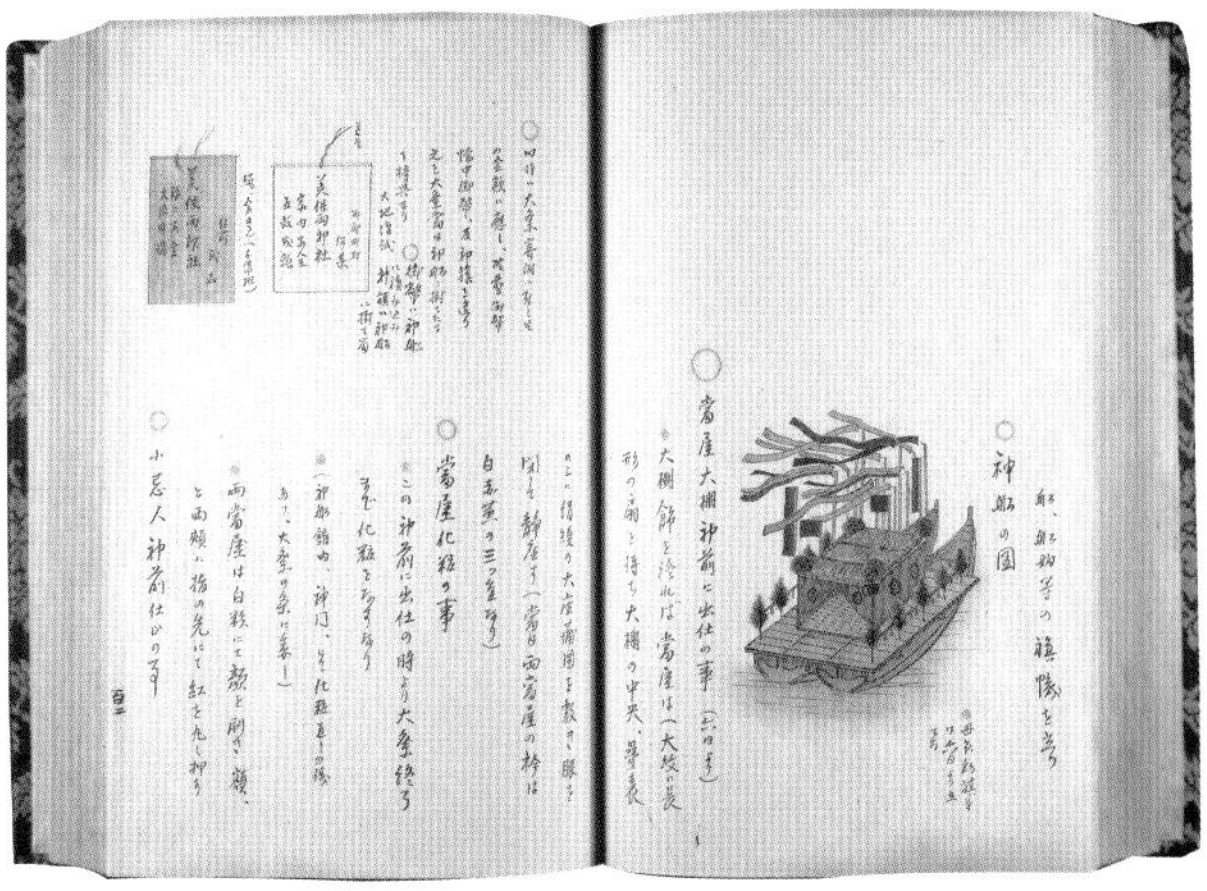

9　美保神社私祭詳解

亀尾神能

亀尾《かめお》神能《しんのう》は、持田神社(松江市西持田町)にて例大祭(四月二十四日)に奉納される同社に古くから伝わる伝統神事の一つである。亀尾神能の起源は明らかにされていないが、文政七(一八二四)年の墨書が記された神能面から江戸時代中期には既に行われていたことがわかる。また、作者と思われる名前の記載もあり、貴重な面である。

亀尾神能の源流である佐陀《さだ》神能は、慶長年間(一五九六~一六一五)に佐太神社の神官が京都で能楽を学んで帰り、能楽の方式を取り入れて作ったといわれている。佐太神社では、近郊の神職が集まり、神能を形成しつつ奉納し、その中でも特に技が優れていたのが持田神社の社司・井上氏と伝わっている。

佐陀神能と亀尾神能ともに演目は、「七座《しちざ》神事」と「能神事」に大別することができる。ここでは亀尾神能の神能面を中心に関連する演目とともに紹介する。

翁式三番《おきなしきさんば》

祝言の舞。翁が天下泰平の舞を舞い、次に三番叟《さんばそう》が舞うところを、ひょっとこが三番叟を担いで入る。

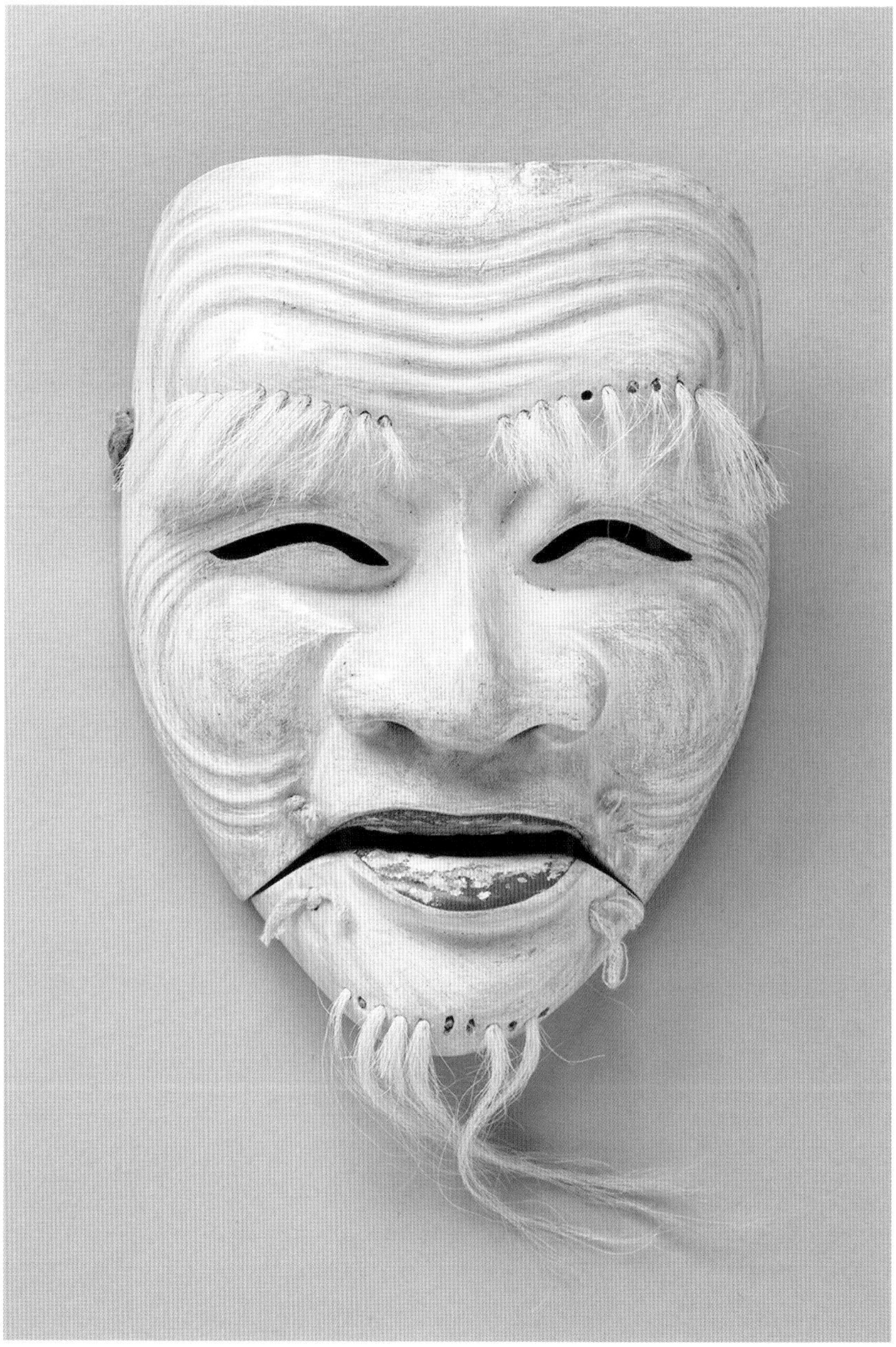

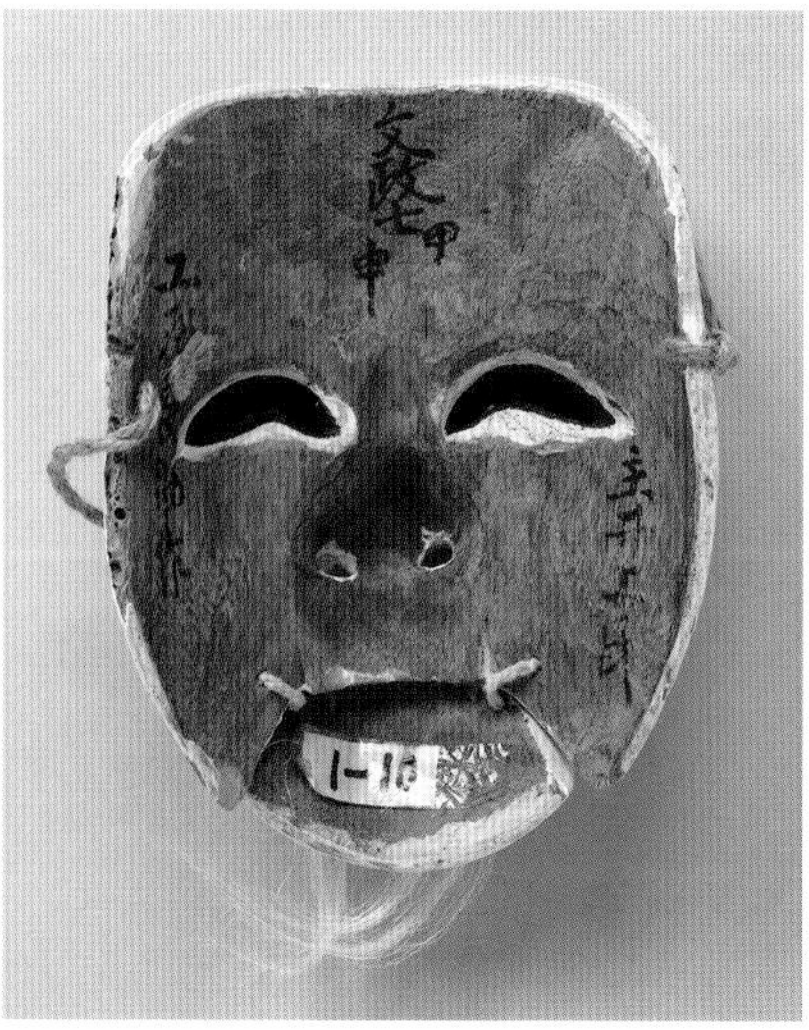

裏

10　翁

文政7(1824)年　亀尾神能保存会蔵

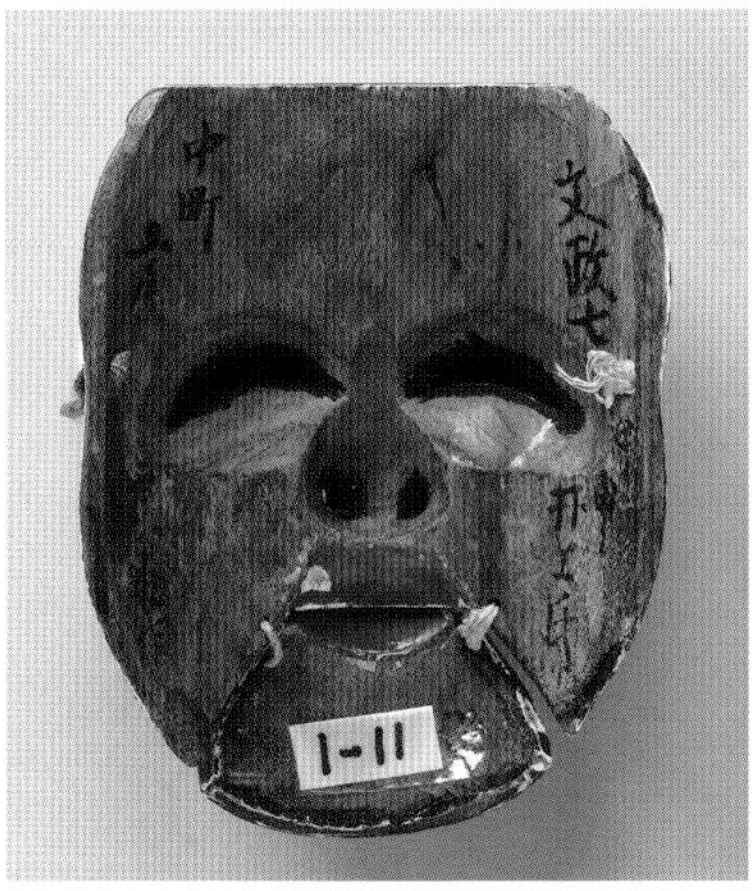

裏

11　黒式尉《こくしきじょう》

文政7(1824)年　亀尾神能保存会蔵

12　ひょっとこ

亀尾神能保存会蔵

大社《たいしゃ》

神社の神秘や神在月の仔細を老人が舞いながら物語る。その後、佐陀大神の御神体があらわれ、舞われたところ、龍神が五色の龍蛇を捧げる。

裏

13　龍神

文政7(1824)年　亀尾神能保存会蔵

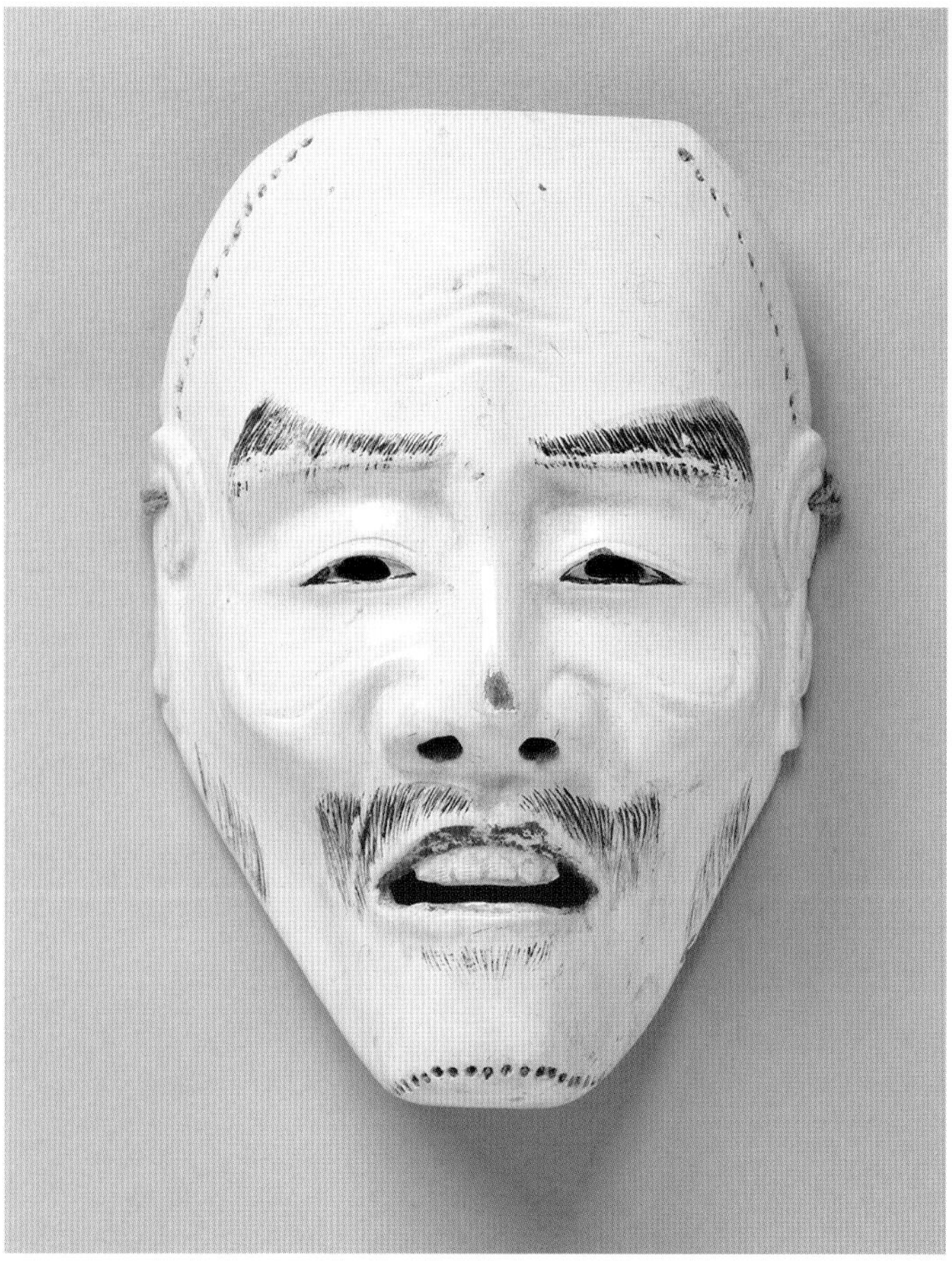

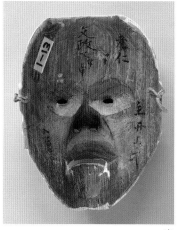

裏

14　老人

文政7(1824)年　亀尾神能保存会蔵

切目《きりめ》

切目命が岩戸の前で打ち鳴らした鼓の謡曲を舞いながら物語る。

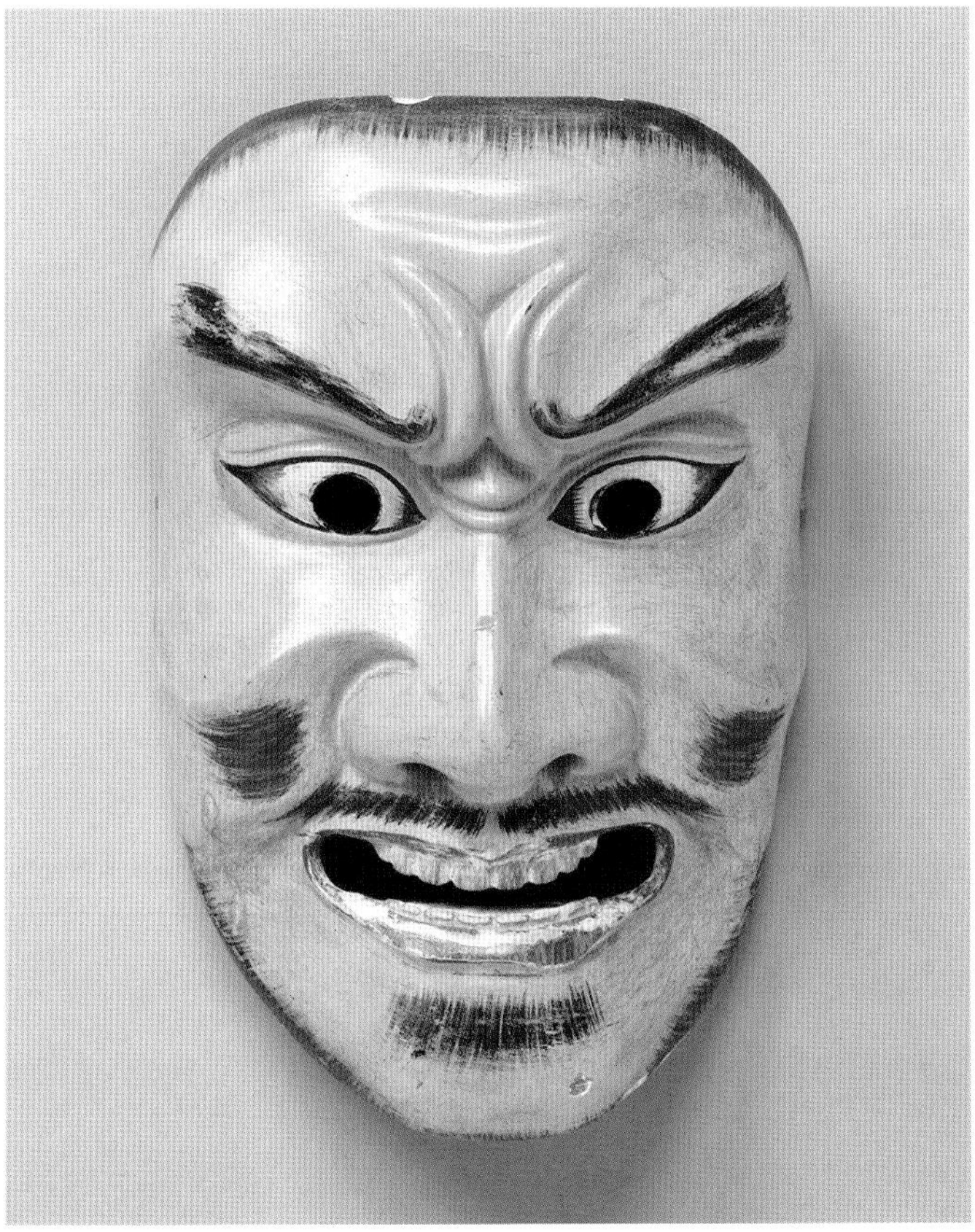

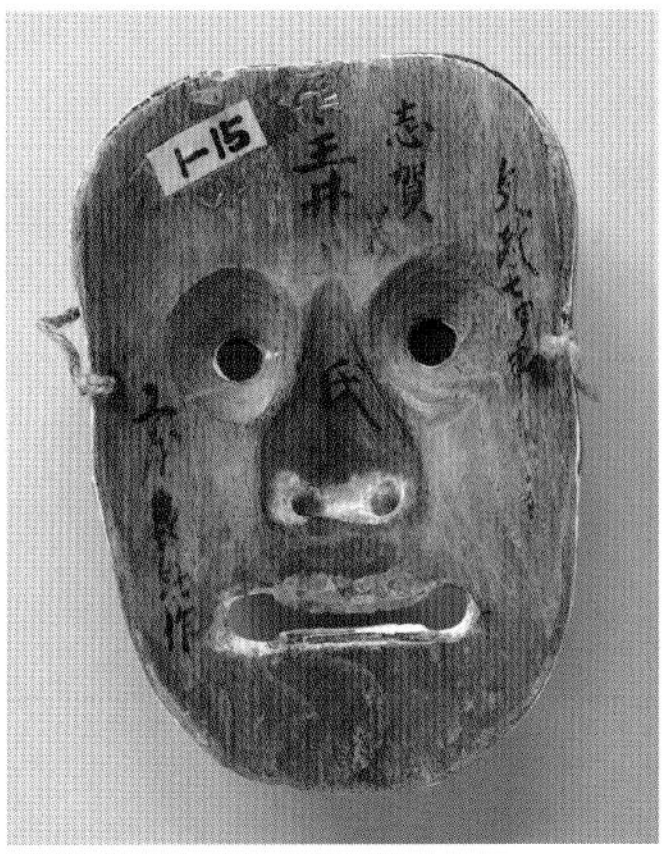

裏

15　切目命　甲

文政7(1824)年　亀尾神能保存会蔵

岩戸《いわと》

天照大神が天岩戸に入り、天下が常闇となったため、岩戸の前で神々が舞いをおこない、その様子が気になり天照大神が岩戸を少し開けたところ、手力男命が岩戸を開いた。

16　玉鉾

文政7(1824)年
亀尾神能保存会蔵

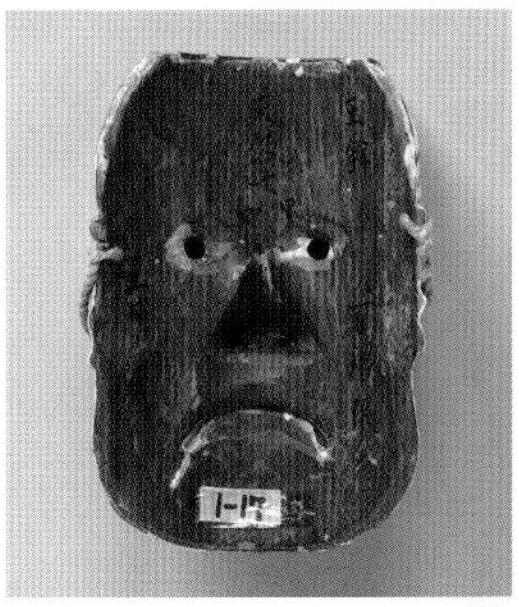

裏

17　手力男命

文政7(1824)年
亀尾神能保存会蔵

裏

三奸《さんかん》

神功皇后が武内宿祢をともない、新羅・百済・高句麗の3人の王と戦う。皇后と王は3回戦うが、共に勝つことができず、和平を結ぶ。

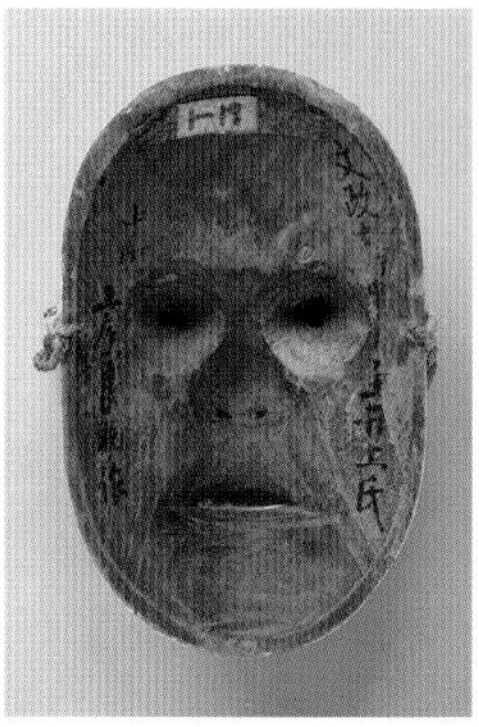

裏

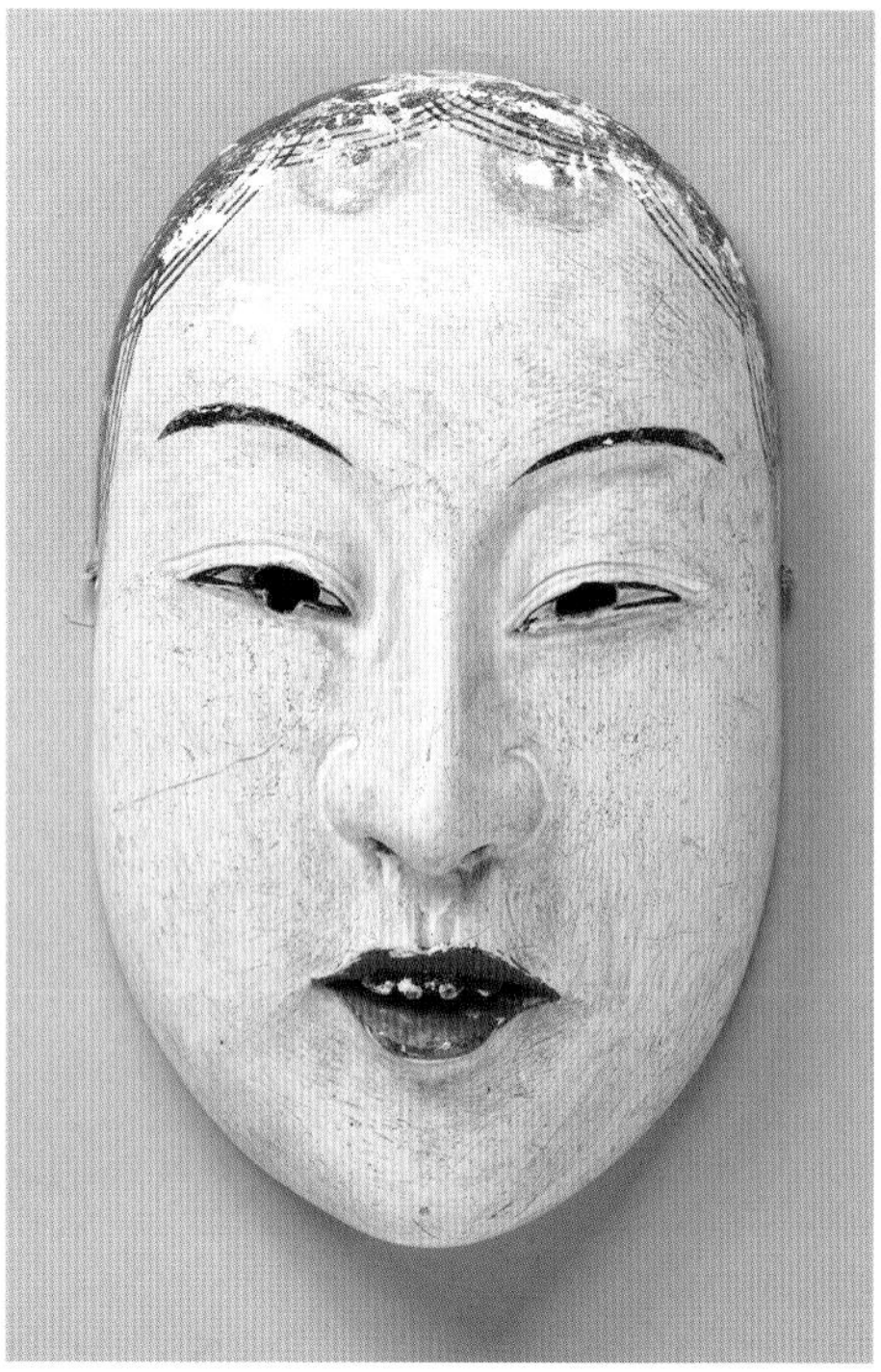

19　神功皇后

文政7(1824)年　個人蔵

18　東蝦夷

亀尾神能保存会蔵

八《や》重《え》垣《がき》

出雲神楽の代表的な演目。素戔嗚尊による大蛇退治。毒酒を飲んで倒れたところを語り部である奏人と素戔嗚尊が退治する。

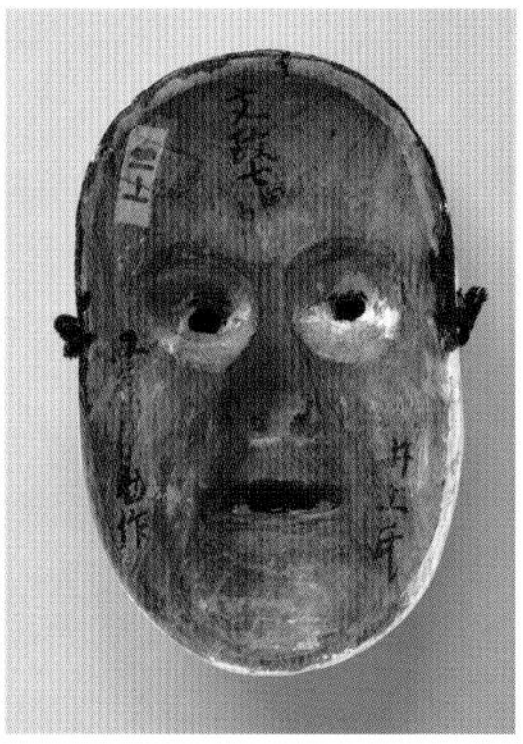

裏

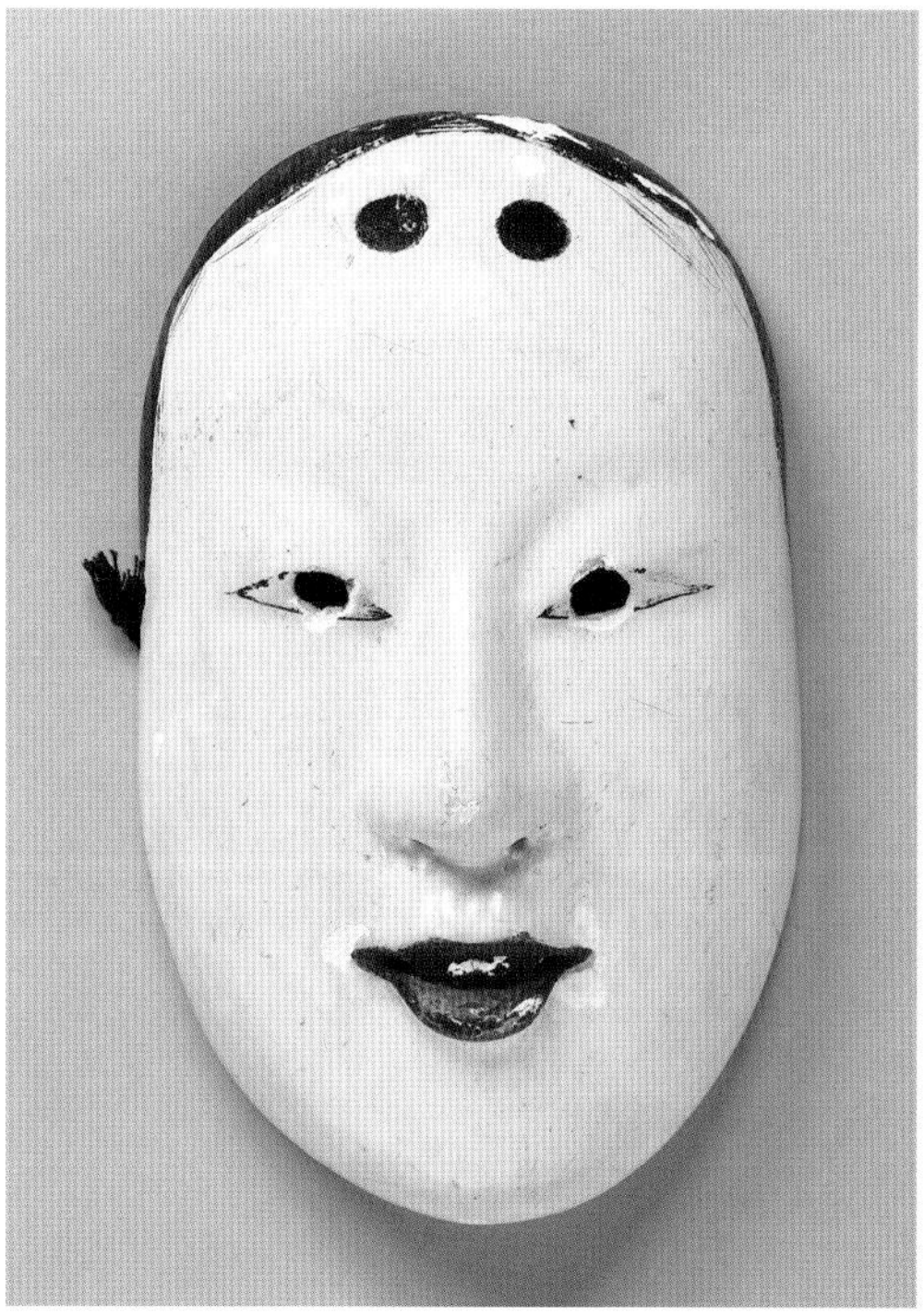

21　大和姫

文政7(1824)年　個人蔵

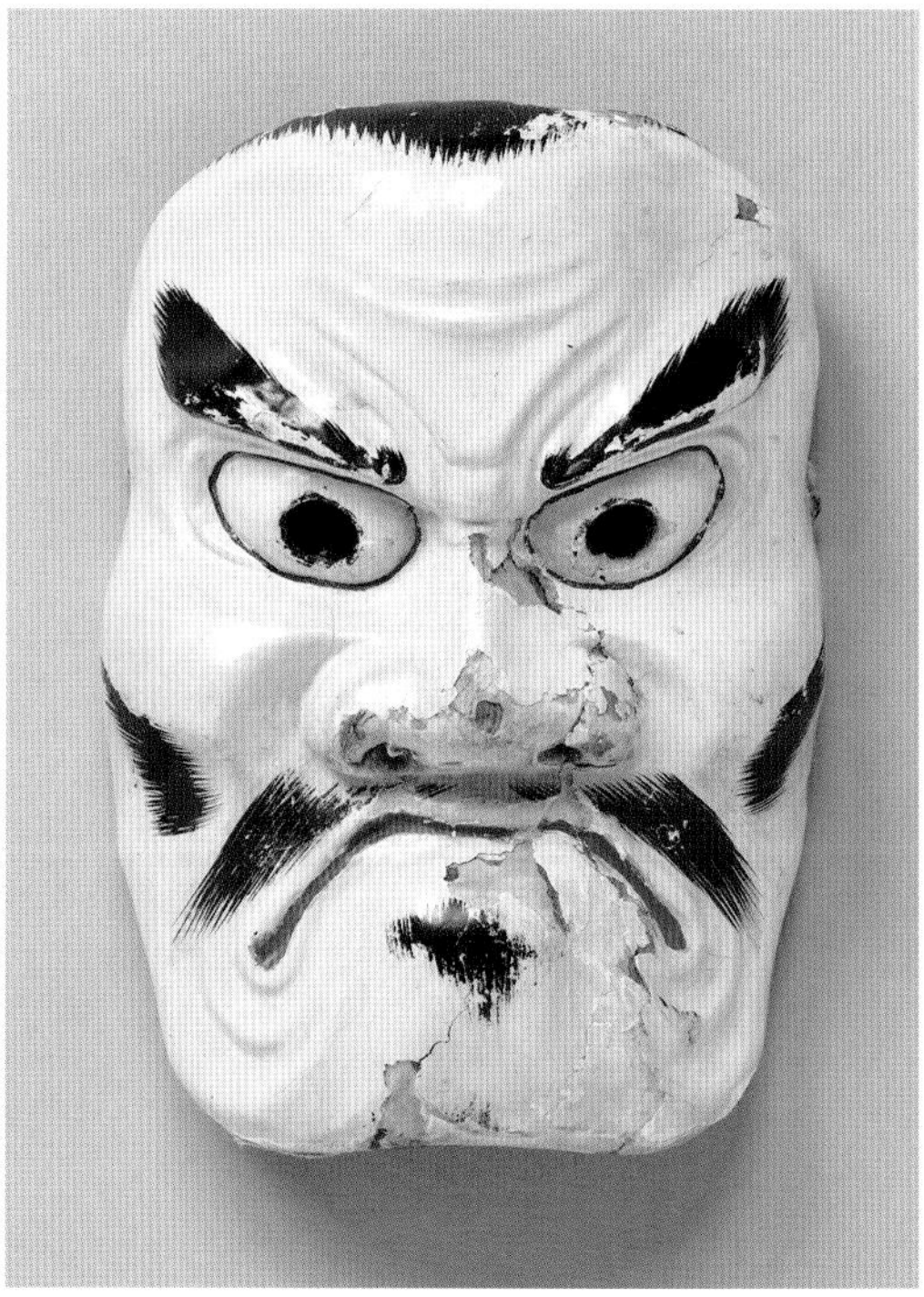

20　素戔嗚

亀尾神能保存会蔵

大蛇《おろち》

佐陀神能と亀尾神能の「八重垣」に登場する大蛇は、「立ち大蛇」といわれる、両手に榊を持ち、立って舞う般若の面のような面に角をつけ、額に14の眼と両目を合わせた16の目、いわゆる八つの龍を表した大蛇の面が特徴である。大蛇は、褐色の三角文をつなぎ合わせた「鱗文」の舞衣を着けて舞う。

大蛇の面がなかった時代には、鬼面をつけて大蛇を舞っていたと伝承があり、幕末から明治時代頃までは神能の仇面《あためん》は鬼面であったと伝わっている。かつて、亀尾神能が大蛇に用いた面は「23　大蛇」の面であったが、昭和時代に現在の面「22　大蛇」に変更した。

22　大蛇

亀尾神能保存会蔵

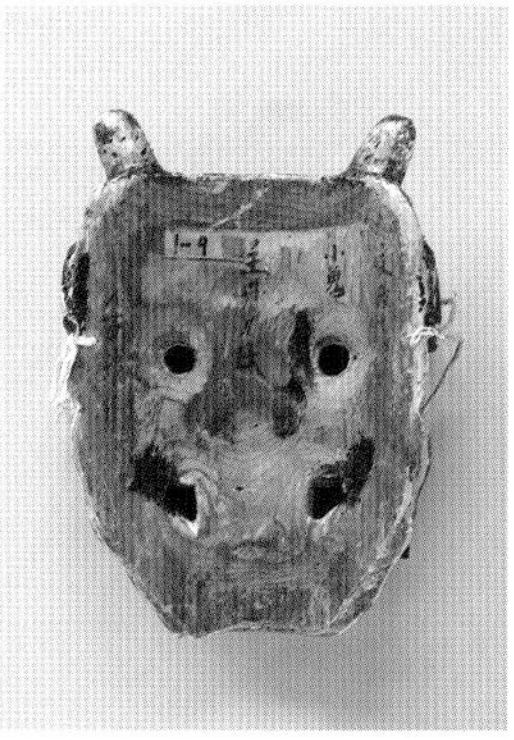

裏

23　大蛇

文政7(1824)年　亀尾神能保存会蔵

25　紺木綿地彩雲文狩衣

江戸時代頃　19世紀頃　賣布《めふ》神社蔵

紺の木綿地に色鮮やかな彩雲を描いた狩衣。彩雲は、朱・青・緑・茶・紫などの色で鮮やかに描かれる。出雲大社ならびに意宇《おう》六社本殿の天井絵に彩雲が描かれていることからも出雲国らしい装束といえる。能における狩衣は、男役の表着で、貴人や神性を持つ翁などが着用する。かつて賣布神社にて能楽が行われていた頃に着用した装束だと伝わっている。

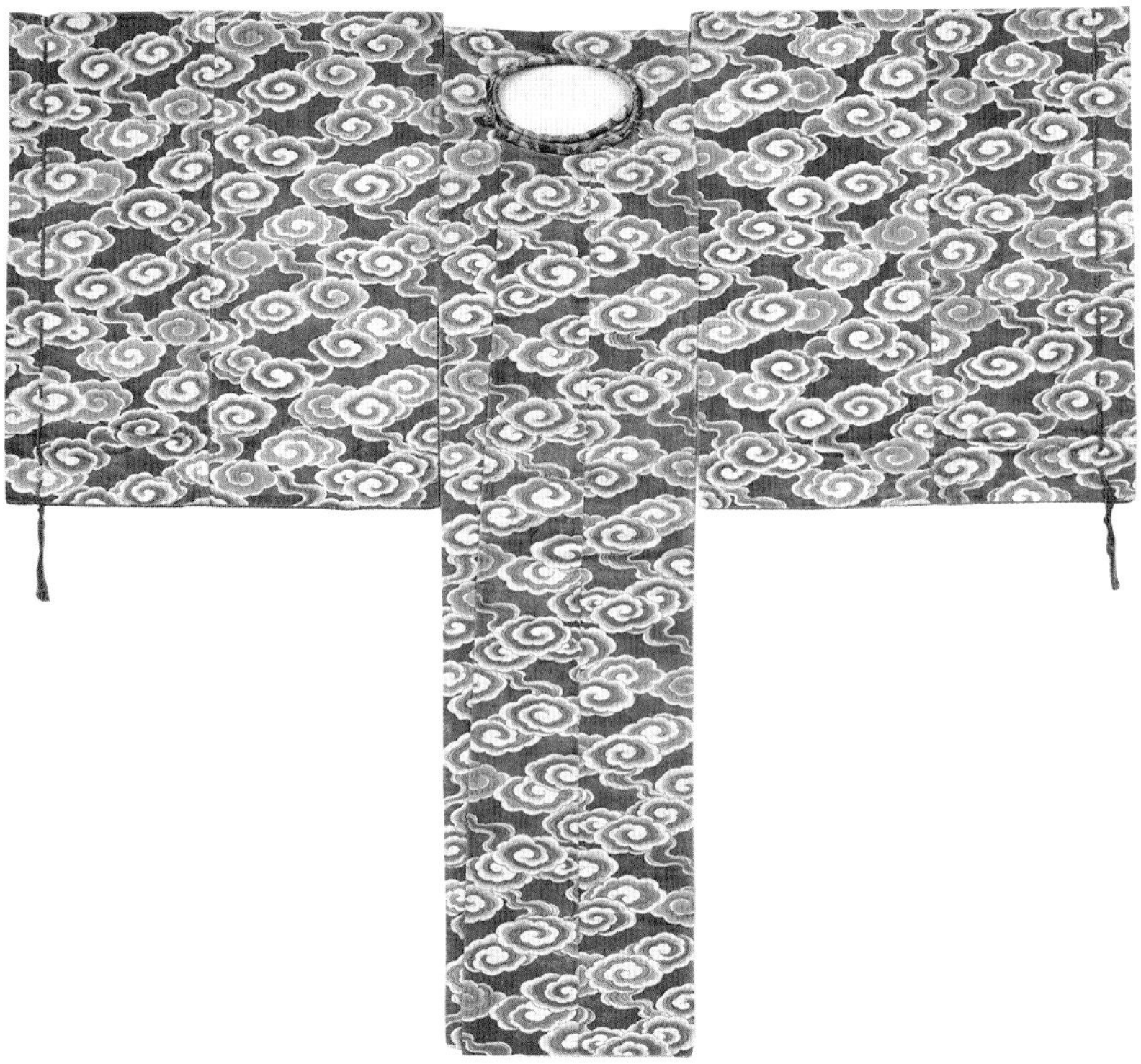

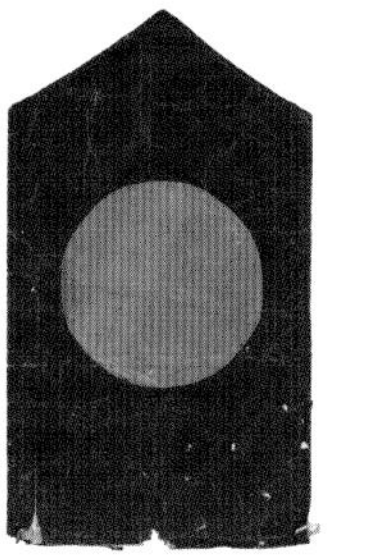

26　麻地松竹梅鶴亀文
素襖《すおう》・袴・烏帽子

江戸時代頃　19世紀頃　賣布神社蔵

かつて賣布神社で行っていた神楽の内、「三番叟」の衣装として伝わっているもの。水色地にやわらかい色彩で描いた鶴亀を素襖の胸元と背中に、若松、竹、梅文を全体に散らしている。能・狂言の「三番叟」は一人の舞役が黒式尉面を着けて舞うもの。

第三章　武士のかざり

本章では、武士の武器・武具をはじめとした装身具を紹介します。いずれの作品も近世の匠の技が発揮され、武士たちの美意識が色濃くあらわれています。

江戸時代には、精緻な技巧が施され、格式の高い儀礼的な性格が強調されるようになるため、武士の甲冑・太刀拵《こしらえ》・鞍《くら》は豪華な装飾で家紋を入れ、時には武士の志をあらわした「勝ち虫」などの装飾を施します。

27　金《きん》小《こ》札《ざね》紫《むらさき》裾《すそ》濃《ご》縅《おどし》大《おお》鎧《よろい》

江戸時代　19世紀　松江歴史館蔵

松江藩松平家の藩主着用と伝える大鎧。大鎧は、騎馬戦が主体の源平期に隆盛した大型の鎧で、鎌倉·南北朝時代、武将の第一装とされた。兜は、日輪と鍬形《くわがた》の前立《まえだて》がつき、胴には、弦走革《つるばしりがわ》に不動明王をあらわす。薄い紫色と橙色の縅《おどし》に見えるが、制作当初は鮮やかな紫色と緋色の組糸であった。鍬形台《くわがただい》などの金具に五三桐紋と葵紋が並んで配置されているのは、松江藩松平家初代藩主の父が、徳川家から豊臣家へ養子に行ったことに関係する。

28　黒《くろ》小《こ》札《ざね》紺《こん》糸《いと》縅《おどし》蜻蛉《とんぼ》型《がた》
前立《まえだて》兜《かぶと》具足《ぐそく》
（家老　大橋茂右衛門着用）

江戸時代　19世紀　松江歴史館蔵

両脇から外に広がる2つのきわめて薄い脇立《わきだて》を蜻蛉《とんぼ》の羽根に見立て、兜の鉢の上に縦に長い鯰《なまず》尾《お》形の張懸《はりがけ》をそなえた変わり兜が特徴的な具足である。蜻蛉《とんぼ》とは「勝ち虫」といい、武士の美徳をあらわすモチーフである。変わり兜は、革や薄い鉄板、もしくは、和紙を漆で貼り重ねた張懸《はりがけ》と呼ばれる技法を用いて様々な形が見られる。草摺《くさずり》の裾板には熊の毛を植えているなど、武具にまつわるかざりには趣向をこらした武士の心意気が示されている。

29　本小札《ほんこざね》浅黄《あさぎ》糸縅《いとおどし》胴丸《どうまる》(黒澤家伝来)

江戸時代　18世紀　松江歴史館蔵

松江藩で初めての儒者となった黒澤石斎《くろさわせきさい》を祖とする黒澤家伝来の鎧。兜は、猪の目印と鍬形《くわがた》の前立をつけ、吹返や喉輪の下の杏葉《ぎょうよう》などに黒澤家の家紋である三つ引を配す。胴は、薄い浅葱《あさぎ》色の組糸で縅《おど》している。猪の目印は松江藩の合印《あいじるし》である。

弓矢を使った戦が主流の中で生まれた大鎧に対し、胴丸は鉄砲と槍を使う集団戦に適した鎧である。

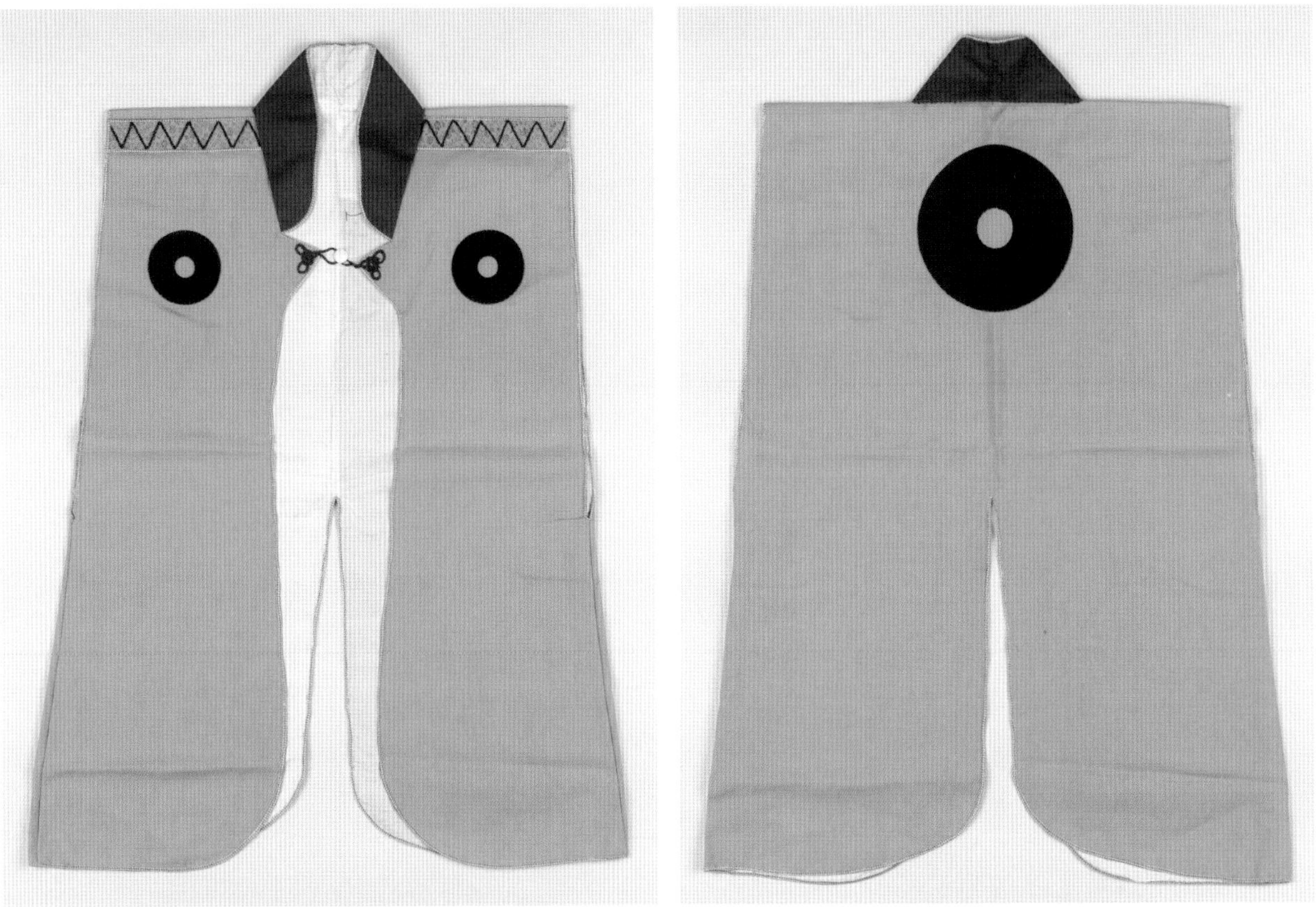

30　蛇《じゃ》の目紋羅紗陣羽織《めもんらしゃじんばおり》（雨森家伝来）

江戸時代　19世紀　松江歴史館蔵

松江藩士の雨森《あめのもり》家伝来の陣羽織である。朱がかかった橙色に襟元は青色の羅紗、肩には黄地の布に銀糸で唐草文を刺繍し、雨森家の家紋の「蛇の目」を背中と両胸に貼り付けている。大胆奇抜なデザインが好まれた江戸時代後期の陣羽織の中において、装飾は少ないものの、幕府の長州征討の際、松江藩も出兵した際に使用されたものと考えられ、松江藩士の美意識がうかがえる作品である。

31　葵紋《あおいもん》蒔絵《まきえ》白銀造《しろがねづくり》毛抜形《けぬきがた》太刀拵《たちごしらえ》（小太刀　額銘長光）

江戸時代　19世紀　松江歴史館蔵

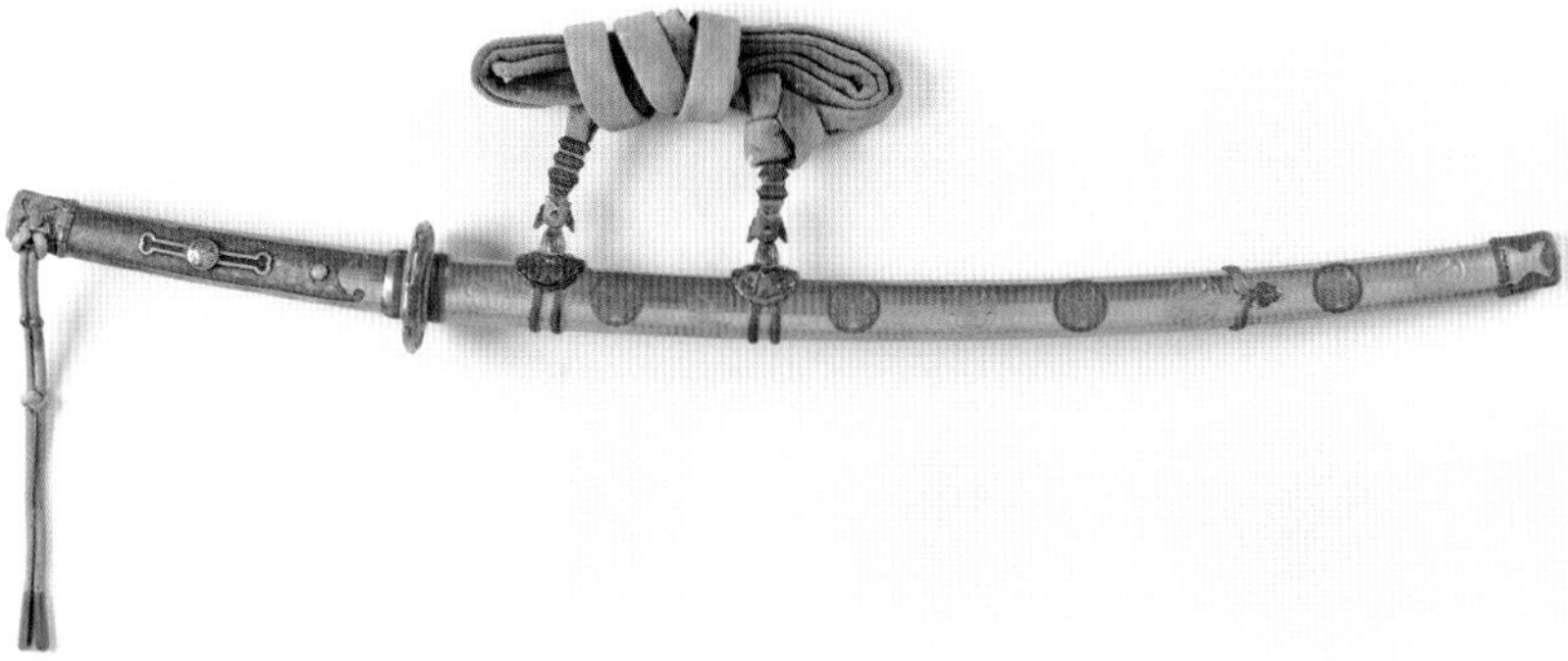

太刀拵とは、およそ刃渡り60㎝以上の長さの刀剣を、刃を下に向けて紐で左腰につるす刀装を言う。太刀は平安時代から室町時代にかけて流行したが、江戸時代には使用されなくなり、将軍や大名・貴族が使用する儀仗《ぎじょう》と化したため、拵も華麗な装いとなった。本作は、金粉を蒔き詰めた地に金銀の蒔絵で三様の葵紋を配し、銀製の金具を供えた豪華な太刀拵である。金具は細かい魚々子《ななこ》地に葵紋が配されている。

32表

32裏

33表

33裏

34表

34裏

35表

35裏

32　赤銅《しゃくどう》地《じ》金点《きんてん》象嵌《ぞうがん》波濤《はとう》図《ず》鐔《つば》　小林延次 作 (銘)雲州住 延次作之
33　素銅《すあか》肉彫《にくぼり》地《じ》波濤《はとう》図《ず》透鐔《すかしつば》　村田寿親 作 (銘)雲州住 壽親刻
34　鉄《てつ》地《じ》肉彫《にくぼり》地《じ》連獅子《れんじし》透鐔《すかしつば》　春田毎幹 作 (銘)雲陽住 春田毎幹
35　赤銅《しゃくどう》地《じ》金《きん》象嵌《ぞうがん》雲龍《うんりゅう》図《ず》鐔《つば》　谷豊重 作 (銘)雲陽住 谷豊重

江戸時代　19世紀　松江歴史館蔵

これらの鐔は、江戸後期から幕末にかけて活躍した松江藩の金工師によって製作された。本来、刀装具は、刀剣によって自らを傷つけたりしないようにするための道具であったが、次第に当時の芸術水準を反映した装飾的要素の強いものが多く作られた。

36表

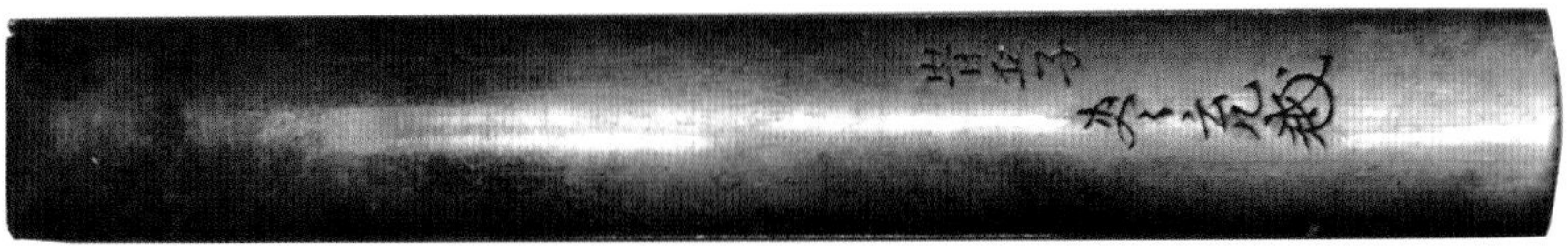

36裏

37

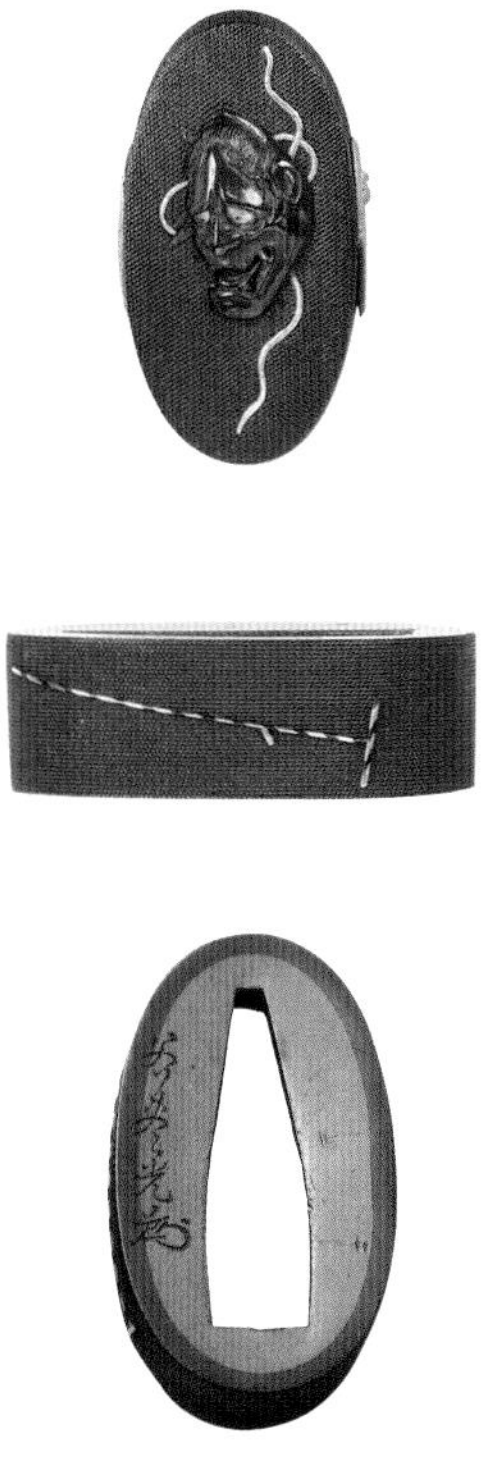

40

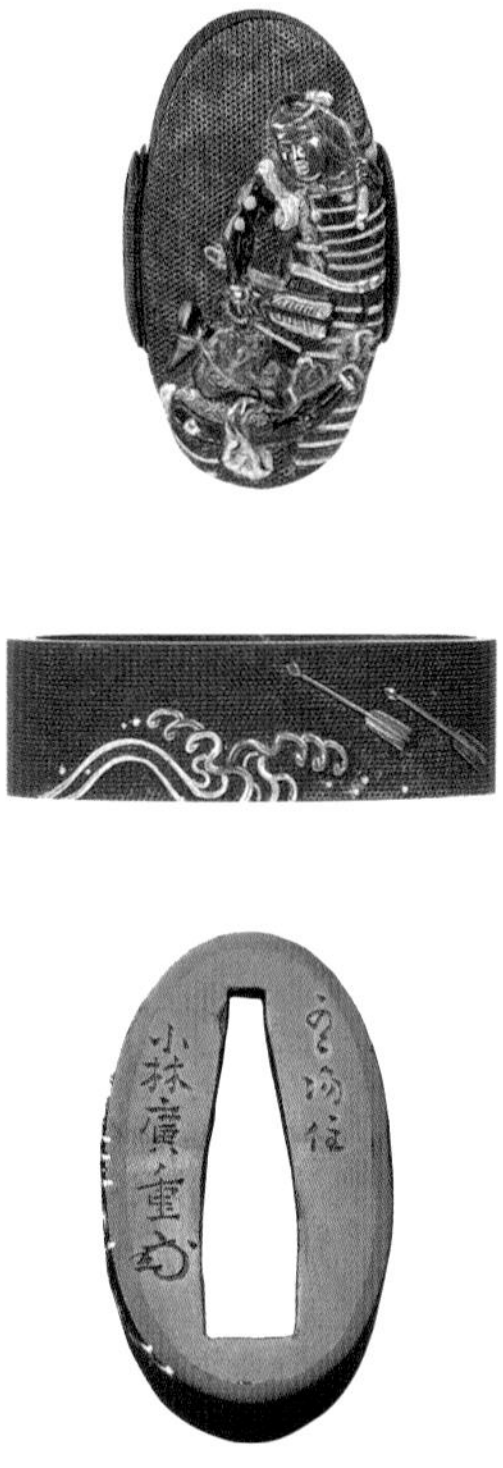

39

38

36	赤銅地金点象嵌海老図小柄	谷豊充 作 (銘)岩丘子 豊充(花押)
37	赤銅地金点象嵌雲龍図小柄	谷豊重 作 (銘)雲陽住 谷豊重
38	赤銅地金点象嵌雲龍図縁頭《ふちがしら》・栗形	谷豊重 作 (銘)雲陽住 谷豊重
39	赤銅地金点象嵌武者図縁頭《ふちがしら》	小林廣重 作 (銘)雲陽住 小林廣重(花押)
40	赤銅地金点象嵌紅葉狩《もみじがり》図《ず》縁頭《ふちがしら》	谷豊光 作 (銘)谷豊光(花押)

江戸時代　19世紀　松江歴史館蔵

41　菊《きく》鳳《ほう》凰《おう》文《もん》蒔《まき》絵《え》太《た》刀《ち》掛《かけ》

江戸時代　19世紀　松江歴史館蔵

梨子地に金銀蒔絵で鳳凰と菊を描き、菊の蕊《しべ》や花の線などを繊細に金蒔絵で線描きしている。箱の蓋裏に「松平家」の墨書があり、松江藩主松平家ゆかりの作品であることがわかる。

42　葵《あおい》紋《もん》散《ち》らし蒔《まき》絵《え》刀《かたな》掛《かけ》

江戸時代　19世紀　松江歴史館蔵

梨子地に金銀蒔絵で葵紋を散らした刀掛。葵紋は正面に６個、背面に７個、柱の部分に左右２個ずつ配される。銀製の金具には、細かい魚々子地に唐草文を彫刻する。

43　菊《きく》籬《まがき》蒔《まき》絵《え》鞍《くら》・鐙《あぶみ》

江戸時代　19世紀　松江歴史館蔵

松江藩松平家藩主10代松平定安《さだやす》が軍艦一番八雲丸《やくもまる》で長州征討に参戦した際に、幕府から下賜された鞍と鐙。梨子地粉と呼ばれる金粉を全面に用い、鞍の前輪と後輪に、大輪の菊３輪を金銀高蒔絵であらわした豪華な作品である。籬《まがき》を格子文のように金平蒔絵であらわし、菊の葉には金と銀の暈《ぼか》しを入れ、正方形の切金を文様の一部分に整然と並べる。鐙の首の部分には、鉞《まさかり》の透かし彫りを施し、鞍の居木《いぎ》の裏面に「天正五年八月日」の刻銘と花押がある。

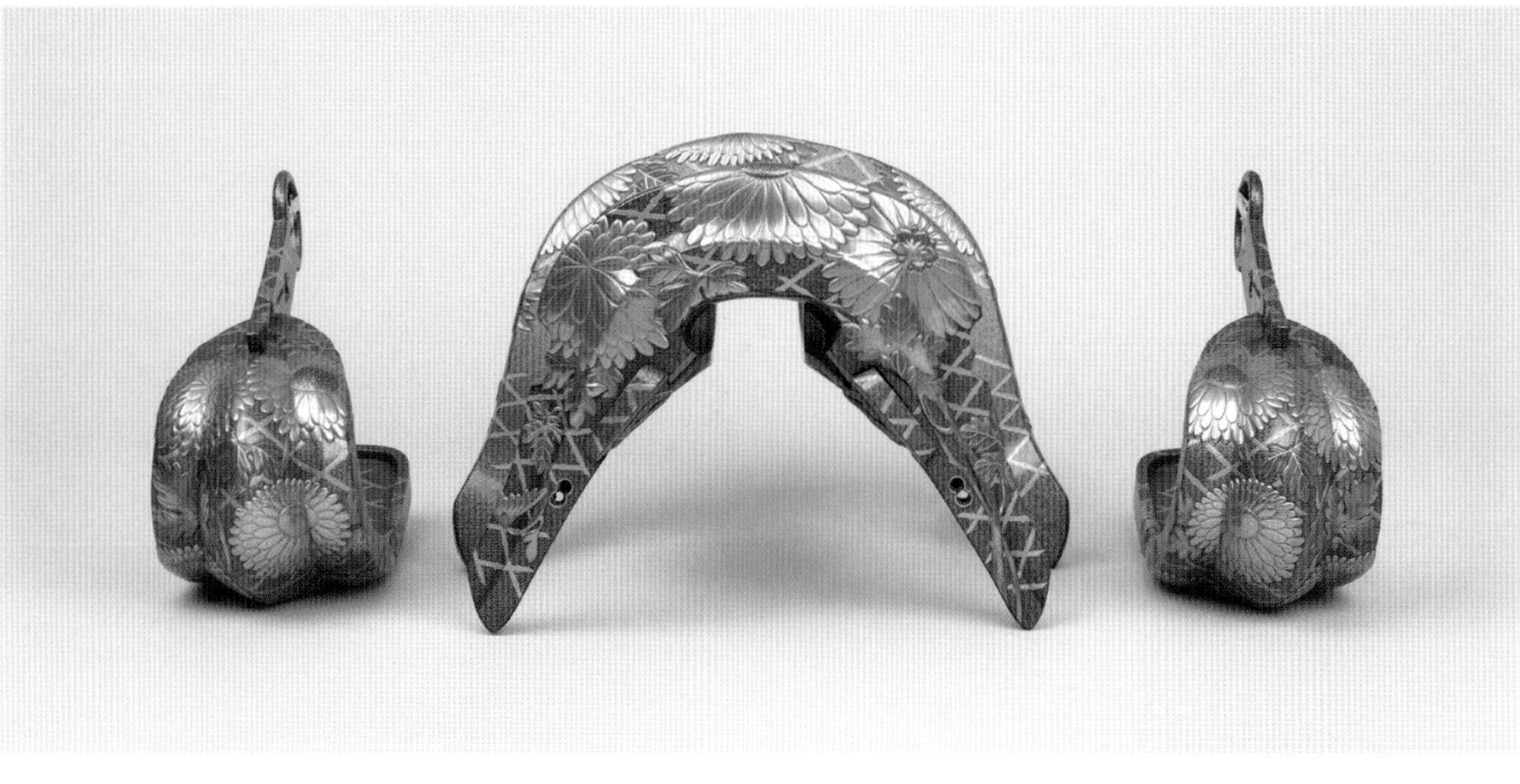

44　陣旗(直筆)
45　陣旗(染抜)

享和元(1801)年　松江神社蔵

「法身無相法眼無瑕《ほっしんにそうなしほうげんきずなし》」と読み、「仏が示す真理は実体を持たず、ゆるがない、真理を見据える眼には迷いや執着などをとらえる傷はない」という意である。松江藩松平家藩主7代目松平治郷《はるさと》(不昧《ふまい》)が52歳の時に仕立てた直筆と染抜の陣旗。

藩士の団結心と士気を鼓舞するために、甲冑を着た藩主·家老·藩士が本陣を構える旗揃いを行う際に用いたものであり、治郷が松江藩在国中には旗揃いを必ず行っていた。

46　紺地染抜馬印《うまじるし》

江戸時代　18-19世紀　松江神社蔵

「心《こころ》浄《じょうなれば》佛《ぶつ》土《ど》浄《じょうなり》」と松平治郷(不昧)の字で記される馬印。馬印とは、大将の馬の傍に立てて居場所を知らせるための旗である。心が浄らかであるとは、自己中心的な執《とら》われを離れた心の在り方を指し、仏土とは現実世界のことを指す。すなわち、心が清ければこの現実世界が浄土としてあらわれるが、煩悩に心がまみれると、仏土が穢土《えど》としてあらわれるという。

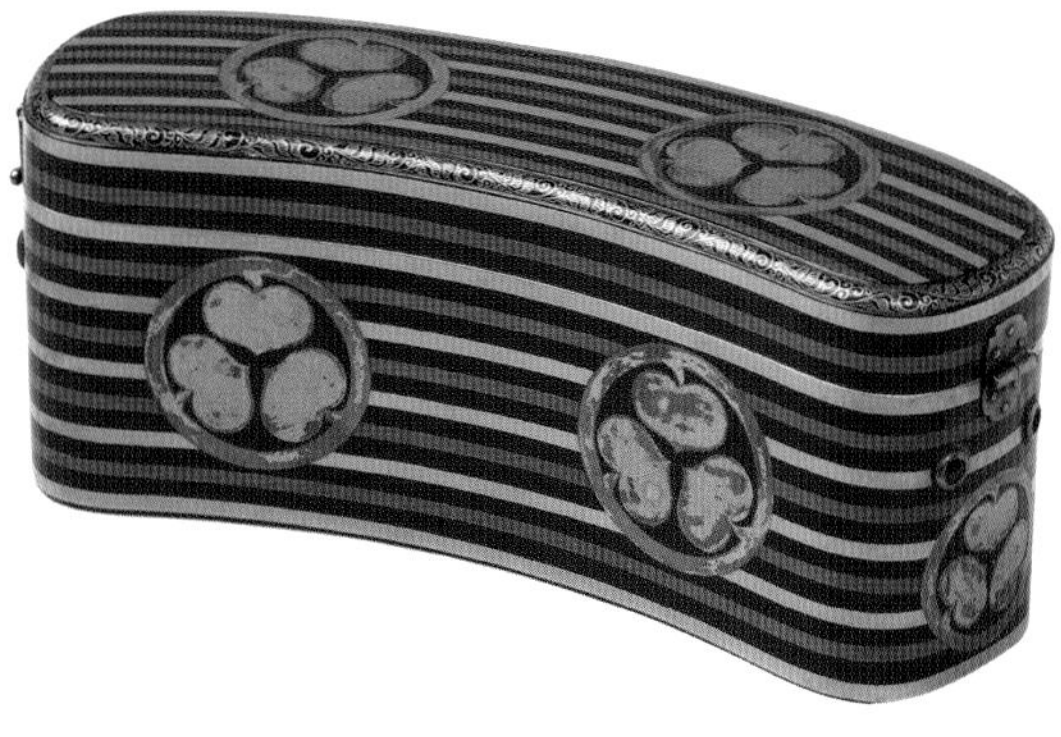

50　間道縞《かんとうじま》葵紋蒔絵弁当

江戸時代　19世紀　松江神社蔵

合戦では陣営の中で様々な道具が用いられた。本作も陣中道具の一つで、陣中で使用する携帯用の弁当箱である。いずれも体に合わせて湾曲しており、腰に巻いて携行した。本作は、金・黒・朱の縞模様を入れ、2つの葵紋を側面に金蒔絵であらわす。黒漆地の塵居に金蒔絵で唐草文様を描く。両側面に、二つずつ穴が開いており、紐を通し、襷掛けにして使用していた。

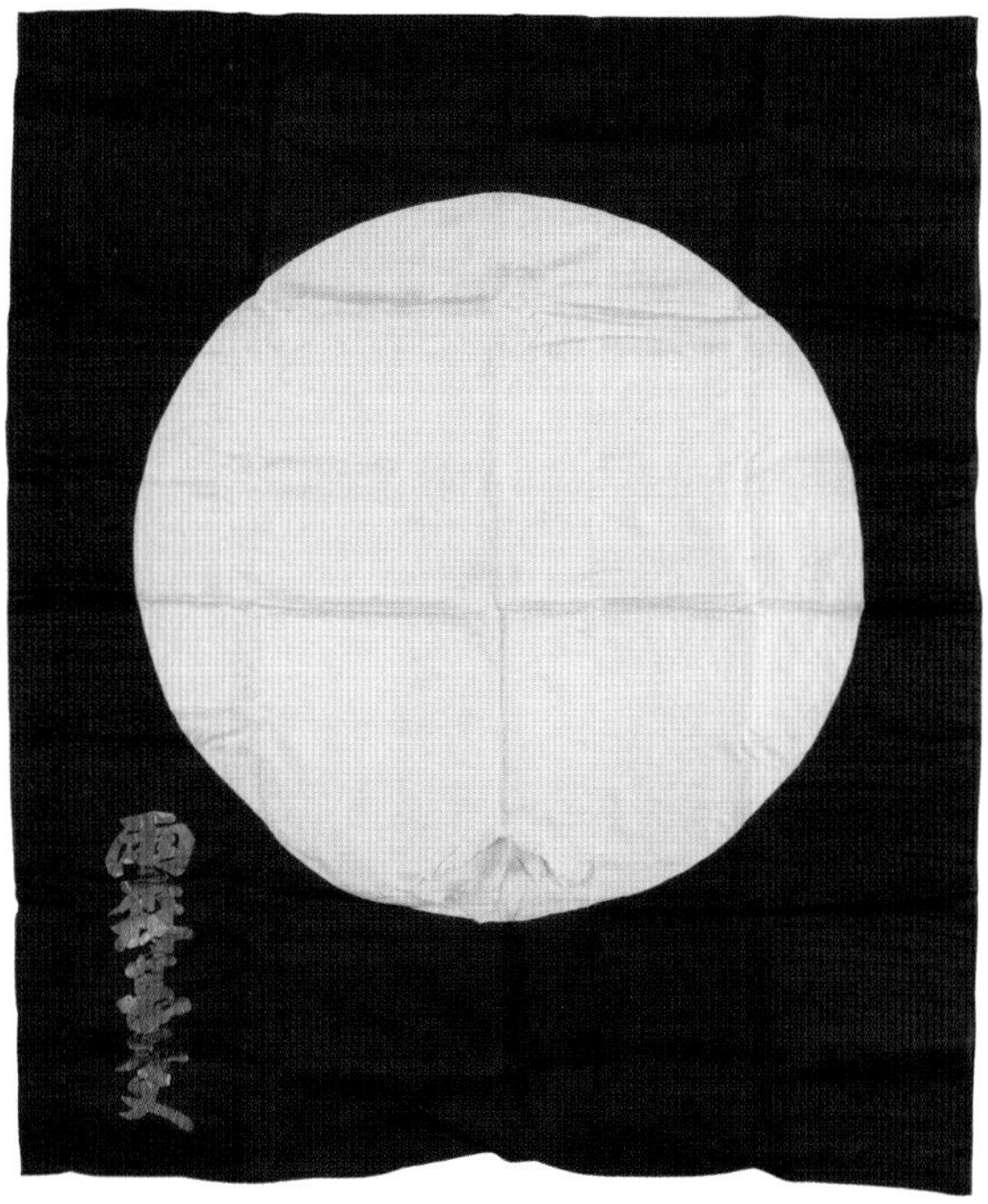

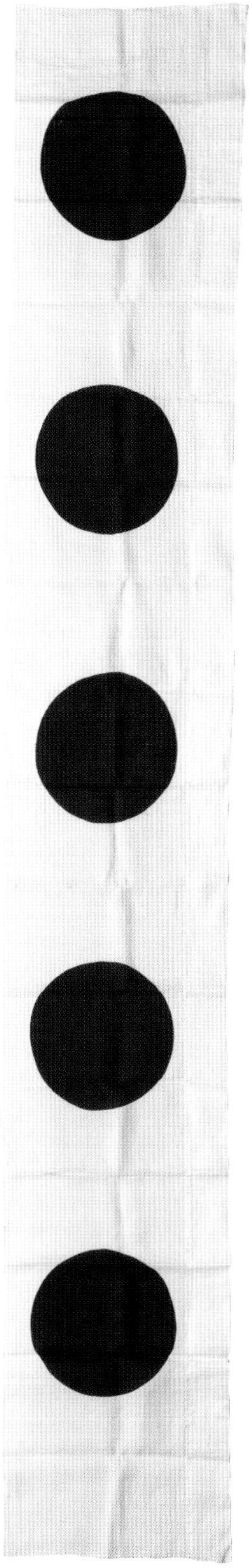

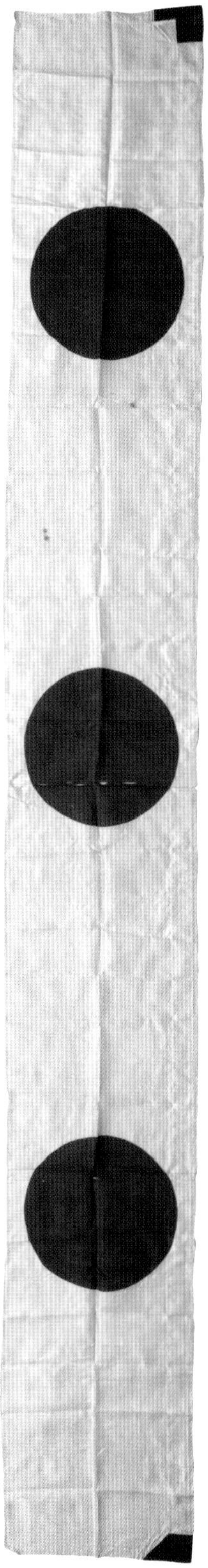

47　紺地白餅指物　江戸時代　18-19世紀　松江歴史館蔵
48　白地三つ黒餅馬印　江戸時代　18-19世紀　松江歴史館蔵
49　白地五つ黒餅馬印　江戸時代　18-19世紀　松江歴史館蔵

雨森《あめのもり》家に伝わる馬印。旗幟、馬印、指物は、武将の所在を明示するために馬の側に立てた旗のことを指す。いずれも戦場で敵味方に明示するため、黒や紅白を基調とした大胆な意匠が用いられることが多かった。松江藩松平家の馬印は、初代直政が14歳の初陣の際に、母月照院《げっしょういん》が、盥《たらい》を置いて丸を記したことから始まったとされる。指物は、紺色の絹地に大きく丸を白抜きし、白地三つ黒餅馬印は絹地、白地五つ黒餅馬印は麻地である。

51　久能山《くのうさん》三保《みほ》富士《ふじ》薩埵《さつた》清見《せいけん》図《ず》蒔絵《まきえ》印籠《いんろう》

勝軍木庵光英《めるであんこうえい》 作　江戸時代　19世紀　松江歴史館蔵

携帯用薬入としての印籠は、桃山時代から使われ、江戸時代の初めごろには一般に定着していた。中に薬を入れず提げることも多く、多彩な技法で加飾した装身具として多く用いられていた。

金粉溜地に高蒔絵で富士山や三保の松原、薩埵《さつた》峠などの名勝を描く。段内部は梨子地、底に金蒔絵で「光英」の銘がある。作者である勝軍木庵光英《ぬるであんこうえい》(1802−71)は、松江藩の蒔絵師で、江戸で梶川清《かじかわせい》川《せん》に学び、帰国後は松江藩9代藩主松平斉貴《なりたけ》から「勝軍木庵」の号を受け仕えた。

52　鶴亀蒔絵印籠

銘 梶川

江戸時代　19世紀　松江歴史館蔵

勝軍木庵光英は、江戸の梶川清川に蒔絵を学んだとされ、本作は梶川の銘を持つ印籠である。金粉溜地に金銀蒔絵で鶴と楼閣山水を描く。底には梶川の銘と朱書きの壺印「英」がある。梶川家は、江戸時代における最も有名な蒔絵師として、多くの印籠を作り出した。

第四章　生活の中のかざり

人々の生活に溶け込んだかざりは、様々な場所で多種多様なかたちであらわれます。今は多く見られませんが、出雲地方の節句で「天神さん」、「武者幟」、「かざり馬」などを飾り、子どもの成長と健康を願いました。また、結婚が決まると、嫁入り、もしくは婿入り道具として藍染の風呂敷などを作り、嫁ぐ際に持たせた風習が出雲地方にありました。それら風呂敷などに、筒描《つつがき》といった染色技法で家紋や吉祥文をあらわし、婚礼を彩りました。さらに、生活の中には、床飾りもあります。現代では、床の間を持つ家も少なくなりましたが、床の間に季節や場面に応じた絵画や書などの掛物《かけもの》や活花、器物を飾る習慣が日本にはあります。

床飾り

床の間に、絵画や書の掛軸、活花《いけばな》や器物を飾るもの、または飾り方を指す。床飾りは、室町時代からその源流が発生し、江戸時代になると、現在の床の間に飾るスタイルとなった。様々な様式が派生し、行事や四季に合わせた床飾りが行われた。

53　雲龍図

狩野養川院惟信筆

江戸時代　19世紀　松江歴史館蔵

雲をかきわけてこちらを見る龍を墨の濃淡を使い分けて描く。落款《らっかん》に養川院法印とある。木挽町狩野派は、幕府の御用絵師で、本図を描いた惟信は徳川家治や田沼意次に重用された。

54　鶴香炉

江戸時代　19世紀　松江歴史館蔵

後方を見上げて立つ鶴を象った大型の香炉。鶴の顔や羽根、脚などに線刻が施され、しなやかにひねる首のためか、優美さを感じる作品。背の一部が蓋になっており、胴部で香を焚くことができる。羽の間に隙間を設け、その穴から香りが漂う仕組みである。広い床飾りに使用したと思われる。

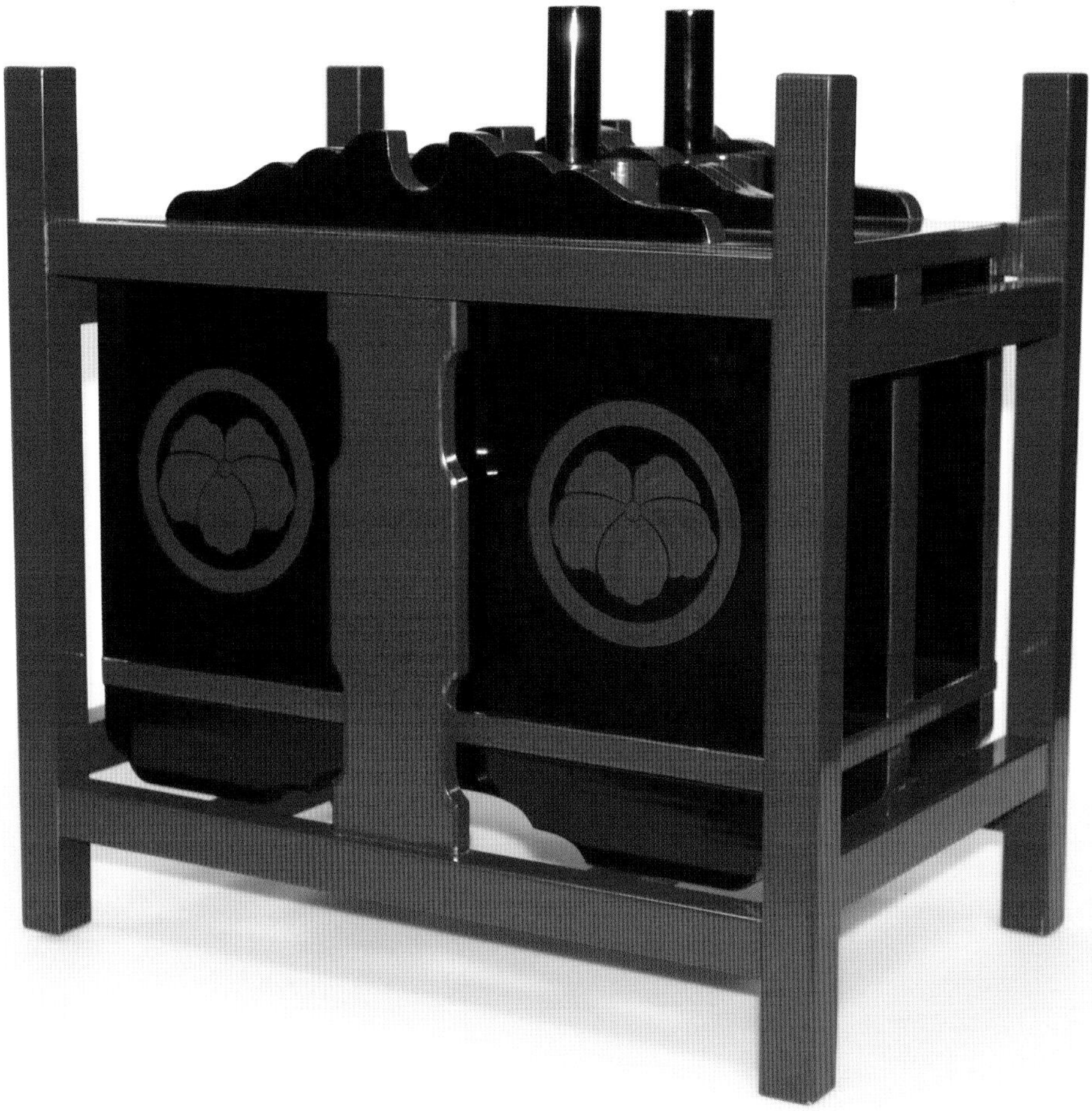

55　枠樽《わくだる》

澤清雲 作

明治-昭和時代頃　20世紀　松江歴史館蔵

本作は、松江の商家に伝わる枠樽。婚礼の時に使われる側面に家紋を描いた酒樽の一つ。

56　筒描《つつがき》風呂敷三揃《みつぞろい》

大正時代初期頃　20世紀　松江歴史館蔵

出雲地方では、明治時代から大正時代における婚礼道具の一つとして木綿を藍で染めた夜着・風呂敷・油箪などの品々を持たせた。実家の家紋や吉祥文を筒描であらわした夜着や風呂敷などが出雲地方に多く残される。本作は、家紋である歯朶に大割蔦紋、竹を境として茶色地部分に鶴と亀を染め抜いている。つつましい中にも華やかな文様で婚礼を彩った。

57　筒描婚礼夫婦夜着

大正時代初期頃　20世紀　松江歴史館蔵

本作も、出雲地方の婚礼道具の一つ。夜着とは、夜寝るときにかける厚い綿を入れた着物のこと。綿入りの状態で今日まで保存されているのは稀である。家紋と鶴亀、松竹梅の吉祥文を筒描で染め抜いている。筒描は、柿渋紙に糊を入れて、手で糊を押し出しながら模様を描いて糊置きを行い、染める技法。糊置きした部分は、藍で染めた後も元の地の色が残る。同技法は、島根県無形文化財に指定されている。筒描は、出雲地方における紺屋の特色といえるほど多く行われていたが、現在は出雲市大津町の長田染工場のみが行う。

58　武《む》者《しゃ》幟《のぼり》

昭和時代　20世紀　松江歴史館蔵

端午の節句に庭や門に飾られた武者を描いた幟。男子の健康な成長を願う思いがこめられ、勇壮な武士を描くことが多かった。

源

59　かざり馬

昭和時代　20世紀　松江歴史館蔵

端午の節句に白馬のかざり馬を飾り、子どもの成長を祈った習いがあった。全体を張子製とし、たてがみ・尾・足元のかざりは麻糸でできている。ピンピン馬とも呼ばれ、馬が乗っている台を動かすと、車輪が台の中に張られている線を慣らし、ピンピンと鳴ることに由来する。かざり馬が白馬なのは、松江藩主松平直政が初陣の際、白馬に乗り初陣を行ったことに由来すると伝わる。

62　五色天神

昭和時代　20世紀　松江歴史館蔵

黒・青・白・赤・緑の5色で彩色した小さな天神人形。松江の商家に伝わった型を基に再び作られ始めた。

出雲地方の天神さん

山陰では、桃の節句（3月3日）に、男児の健やかな成長を願って母親の実家や親戚から「天神人形」を贈る風習がある。天神人形は学問の神様として崇敬される菅原道真を象った土人形で、日本各地で製作されている。江戸時代後期から明治・大正時代にかけて、顔から衣装まで全て土で作られた「泥天神」が主に飾られていた。松江・出雲で作られた泥天神は、切れ長の目でほっそりした顔に長い首の特徴を持つ。産地として、横浜、沖洲、今市がある。このほかに近隣で作られた天神人形として、米子天神、御来屋《みくりや》天神、倉吉天神、津山天神、三《み》次《よし》天神などが挙げられる。明治中期ごろから、布の衣装を着た「衣装天神」が作られ始め、泥天神は姿を消していった。

60　横浜《よこはま》天神

昭和時代　20世紀　松江歴史館蔵

松江市横浜町でつくられた天神人形。江戸時代後期、「天神山屋」を屋号に持つ山本五郎兵衛が創始者だと伝わる。衣装にあたる袍《ほう》が赤く彩色されており、つり目で顎がほっそりとし、膝が高いのが特徴である。

61　沖洲《おきのす》天神

昭和時代　20世紀　松江歴史館蔵

出雲市には、斐川町沖洲で作られる沖洲天神、今市町の今市天神が存在する。沖洲天神は、文化年間(1804-1817)より作られ始め、人形全体に磨きをかけ、美しい肌に仕上げているのが特徴の一つである。

平田一式飾り

平《ひら》田《た》一式《いっしき》飾《かざ》りは、毎年七月二十一日に行われる平田天満宮祭（島根県出雲市平田町）に、同種・同類の陶磁器、漆器や自転車部品などの材料で「造り物」を作り、町内各所に設けられた飾り宿に飾るもので、寛政年間（一七八九～一八〇〇）に平田町の表具師・桔梗屋十兵衛が茶道具で大黒天像を作ったのが始まりとされる（参考画像）。

毎年、造り物の主題は、周知の話題が選ばれ、新しい一式飾りが毎年作られている。その中で、出雲地方にゆかりのある弁慶を主題とした一式飾りは繰り返し製作され、伝統的なテーマである。1回限りで、基本的に保存するものではなかったが、現在は平田町の各地にいくつも飾られている。見立て細工や寄せ物細工、そして一式飾りなど、対象を別の何かで表現する造り物は、近世後期において流行した。

現在、祭礼で造り物を製作する文化は、西日本で広く分布している。これらの街は大阪を中心とした街道沿いの町々であり、近世後期の大阪の流行が地方へ波及して定着したとの指摘がある。木綿づくりが盛んであった平田町は、大阪を中心に取引を行っていたため、大阪の流行を取り入れたと考えられている。

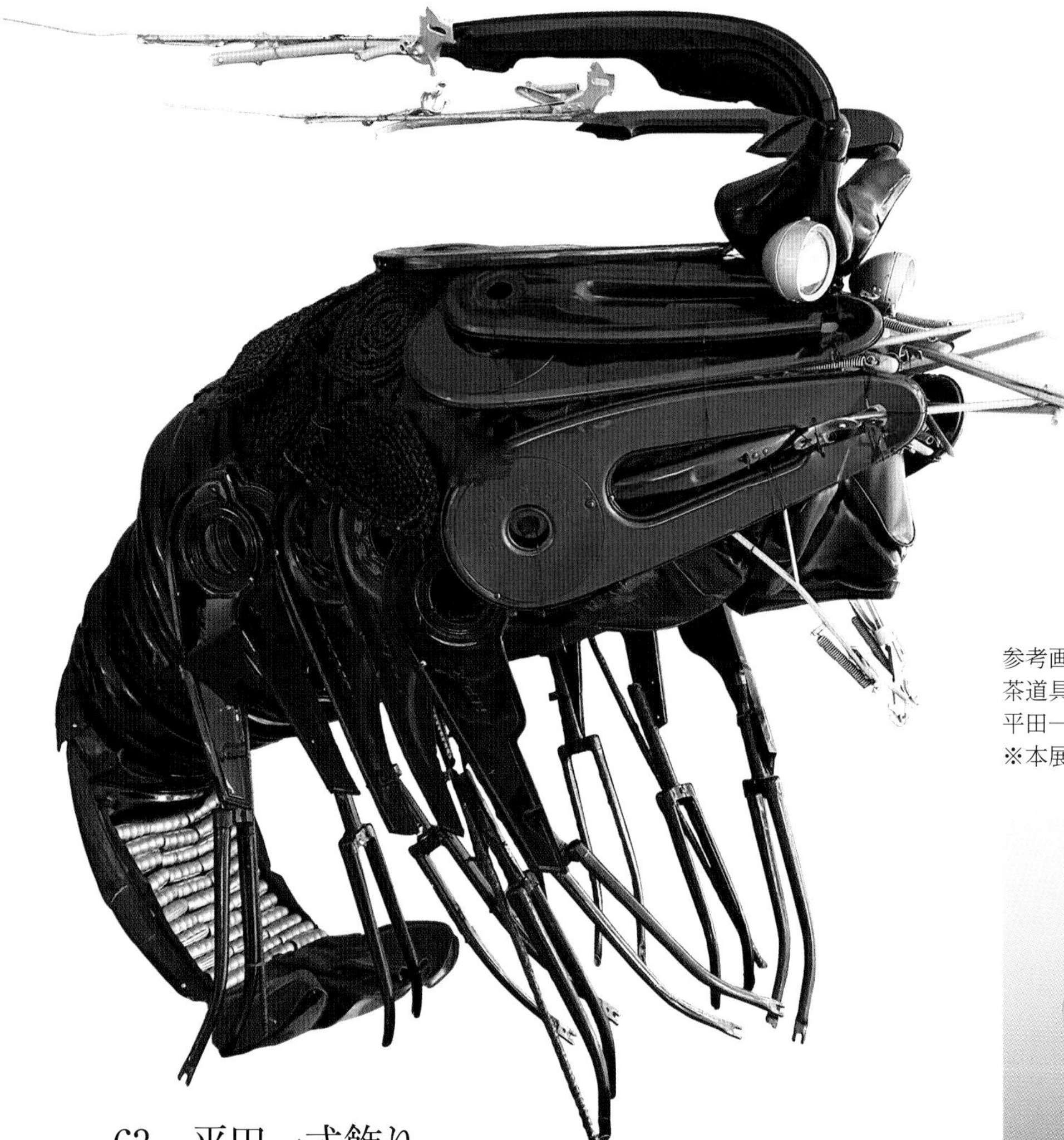

63　平田一式飾り
自転車部品一式「海老」

現代　21世紀　平田一式飾り保存会蔵

自転車部品の平田一式飾りは大正10年から始まり、平田町の代表的な作品の一つである。

参考画像　平田一式飾り
茶道具一式「大黒天」千把雲陽作、
平田一式飾り保存会蔵
※本展、未出品

出品目録

番号	指定・作品	点数	作者	時代	所蔵者
	第一章　古代のかざり				
1	出雲型子持壺 講武向山古墳出土	一点		古墳時代後期 六世紀後半	島根大学法文学部考古学研究室・松江市（鹿島歴史民俗資料館保管）
2	子持壺蓋 岡田薬師古墳出土	一点		古墳時代後期 六世紀後半	島根県埋蔵文化財調査センター
3	子持𤭯　増福寺20号墳出土（松江市指定文化財）	一点		古墳時代中期 五世紀	松江市（島根県立古代出雲歴史博物館保管）
4	玉飾り 石田古墳出土	一括		古墳時代前期後半 四世紀	松江市
5	玉飾り 釜代1号墳出土	一括		古墳時代前期後半 四世紀	松江市
6	玉飾り 的場遺跡出土	一括		古墳時代中期 五世紀	松江市
	第二章　祭礼と神楽のかざり				
7	蒼柴籬神事絵巻 巻一—三	三巻	中島荘陽	昭和七年 一九三二	美保神社
8	美保神社私祭詳解 原稿	一冊	野村憲治	昭和十三年 一九三八	個人蔵
9	美保神社私祭詳解	一冊	野村憲治	昭和十三年 一九三八	美保神社
10	亀尾神能面 翁	一面		文政七年 一八二四	亀尾神能保存会
11	亀尾神能面 黒式尉	一面		文政七年 一八二四	亀尾神能保存会
12	亀尾神能面 ひょっとこ	一面			亀尾神能保存会
13	亀尾神能面 龍神	一面		文政七年 一八二四	亀尾神能保存会
14	亀尾神能面 老人	一面		文政七年 一八二四	亀尾神能保存会
15	亀尾神能面 切目命 甲	一面		文政七年 一八二四	亀尾神能保存会
16	亀尾神能面 玉鉾	一面		文政七年 一八二四	亀尾神能保存会
17	亀尾神能面 手力男命	一面		文政七年 一八二四	亀尾神能保存会
18	亀尾神能面 東蝦夷	一面			亀尾神能保存会
19	亀尾神能面 神功皇后	一面		文政七年 一八二四	個人蔵
20	亀尾神能面 素戔嗚	一面			亀尾神能保存会

21	亀尾神能面 大和姫	一面		文政七年 一八二四	個人蔵
22	亀尾神能面 大蛇	一面			亀尾神能保存会
23	亀尾神能面 大蛇	一面		文政七年 一八二四	亀尾神能保存会
24	亀尾神能 鱗文狩衣・袴	一領		現代 二十一世紀	亀尾神能保存会
25	紺木綿地彩雲文狩衣	一領		江戸時代頃 十九世紀頃	賣布神社
26	麻地松竹梅鶴亀文素襖・袴・烏帽子	一領		江戸時代頃 十九世紀頃	賣布神社

第三章　武士のかざり

27	金小札紫裾濃縅大鎧	一頭		江戸時代 十九世紀	松江歴史館
28	黒小札紺糸縅蜻蛉型前立兜具足	一頭		江戸時代 十九世紀	松江歴史館
29	本小札浅黄糸縅胴丸	一頭		江戸時代 十八世紀	松江歴史館
30	蛇の目紋羅紗陣羽織	一領		江戸時代 十九世紀	松江歴史館
31	葵紋蒔絵白銀造毛抜形太刀拵（小太刀　額銘長光）	一腰		江戸時代 十九世紀	松江歴史館
32	赤銅地金点象嵌波濤図鐔	一枚	小林延次	江戸時代 十九世紀	松江歴史館
33	素銅肉彫地波濤図透鐔	一枚	村田寿親	江戸時代 十九世紀	松江歴史館
34	鉄地肉彫地連獅子透鐔	一枚	春田毎幹	江戸時代 十九世紀	松江歴史館
35	赤銅地金象嵌雲龍図鐔	一枚	谷豊重	江戸時代 十九世紀	松江歴史館
36	赤銅地金点象嵌海老図小柄	一本	谷豊充	江戸時代 十九世紀	松江歴史館
37	赤銅地金点象嵌雲龍図小柄	一本	谷豊重	江戸時代 十九世紀	松江歴史館
38	赤銅地金点象嵌雲龍図縁頭・栗形	一組	谷豊重	江戸時代 十九世紀	松江歴史館
39	赤銅地金点象嵌武者図縁頭	一組	小林廣重	江戸時代 十九世紀	松江歴史館
40	赤銅地金点象嵌紅葉狩図縁頭	一組	谷豊光	江戸時代 十九世紀	松江歴史館
41	菊鳳凰文蒔絵太刀掛	一基		江戸時代 十九世紀	松江歴史館
42	葵紋散らし蒔絵刀掛	一基		江戸時代 十九世紀	松江歴史館
43	菊籬蒔絵鞍・鐙	一組		江戸時代 十九世紀	松江歴史館
44	陣旗（直筆）	一旒		享保元年 一八〇一	松江神社
45	陣旗（染抜）	一旒		享保元年 一八〇一	松江神社

46	紺地染抜馬印	一旒		江戸時代 十八—十九世紀	松江神社
47	紺地白餅指物	一旒		江戸時代 十八—十九世紀	松江歴史館
48	白地三つ黒餅馬印	一旒		江戸時代 十八—十九世紀	松江歴史館
49	白地五つ黒餅馬印	一旒		江戸時代 十八—十九世紀	松江歴史館
50	間道縞葵紋蒔絵弁当	一合		江戸時代 十九世紀	松江神社
51	久能山三保富士薩埵清見図蒔絵印籠	一個	勝軍木庵光英	江戸時代 十九世紀	松江歴史館
52	鶴亀蒔絵印籠	一個	銘 梶川	江戸時代 十九世紀	松江歴史館

第四章　生活の中のかざり

53	雲龍図	一軸	狩野養川院惟信	江戸時代 十九世紀	松江歴史館
54	鶴香炉	一基		江戸時代 十九世紀	松江歴史館
55	枠樽	一対	澤清雲	明治—昭和時代頃 二十世紀頃	松江歴史館
56	筒描風呂敷三揃	三枚		大正時代初期頃 二十世紀頃	松江歴史館
57	筒描婚礼夫婦夜着	二着		大正時代初期頃 二十世紀頃	松江歴史館
58	武者幟	七点		昭和時代 二十世紀	松江歴史館
59	かざり馬	一体		昭和時代 二十世紀	松江歴史館
60	横浜天神	一体		昭和時代 二十世紀	松江歴史館
61	沖洲天神	一体		昭和時代 二十世紀	松江歴史館
62	五色天神	一体		昭和時代 二十世紀	松江歴史館
63	平田一式飾り自転車部品一式「海老」	一体	平田一式飾り保存会	現代 二十一世紀	平田一式飾り保存会

総論　「出雲国を彩るかざり」

◆はじめに

　本展で紹介した資料・作品に共通するのは、「かざる」行為と「かざり」に敬意が表れ、日常と「飾られる空間」を切り離す目的を持っていることである。神への敬意、権威の象徴、弔いの行為、そして節句などにおいて飾られるものは、いずれも日常と、かざられる場面とを区切るために存在しているといえよう。

　神を迎えるための社殿に描かれた壁画、古墳の祭祀儀礼に用いられた須恵器、権力者が身につけた勾玉、松江藩松平家由来の甲冑、太刀、馬印や松江藩の家老が着用した甲冑、また、生活の中、特に節句飾りとしての「天神さん」や庶民の婚礼道具の一つである藍染の夜着、そして日用品の道具で組み立てる平田一式飾りなどを紹介する。

◆本殿内絵画

　古代出雲の政治・文化の中心地、旧意宇郡に所在する六つの社、神魂神社、熊野大社、眞名井神社、八重垣神社、六所神社、揖夜神社は意宇六社と総称され、出雲国造家とゆかりがある。そのため、現代まで人々から厚い崇敬を受けている。

　本展ではプロローグとして、神社本殿に描かれる天井絵や壁画の一部や社殿に伝わる絵図を紹介した。なお、本殿には立ち入ることができないため、壁画の位置・名称や時代考証については、先行研究（註1）を参考とした。

　現在確認されている限り、本殿の天井に雲の図が描かれているのは、出雲大社、神魂神社、眞名井神社、揖夜神社の四社である。各神社の雲の形は違いがあり、また彩色の仕方にも違いが見られる。出雲大社の本殿の天井に描かれた瑞雲は、「出雲国杵築大社御神殿天井八雲之図」を確認すると、黒・青・赤・黄・白の五色で雲を描いており、出雲大社は七つ、神魂神社は九つ、揖夜神社は八つの雲が描かれている。出雲大社、神魂神社、眞名井神社の雲は、一つの雲に多色で彩色が施されているのに対して、揖夜神社の雲は、一つの雲に一色ずつ彩色している点に違いがある。

　次に掲げる「神事の様子を描いた図」そして「舞楽図」「奏楽図」はいくつかの神社本殿壁画に見られる。

【神事の様子を描いた図】
神魂神社・・・出雲国造角力観覧図、流鏑馬の図
眞名井神社・・眞名井社神幸式図、獅子舞および行列図
揖夜神社・・・御神幸図、御田植神事図、御田打神事図
　　　　一ツ石神幸祭
六所神社・・・勅使代参向図

【舞楽図・奏楽図が描かれた位置】
神魂神社・・・扉絵
眞名井神社・・扉絵、本殿入って正面の壁
揖夜神社・・・本殿左側の2面
六所神社・・・不明

　壁画が描かれた年代は、八重垣神社の本殿板絵壁画は室町時代（註2）、ほかの本殿壁画は江戸時代と考えられており（註3）、天井絵、壁画の描かれた理由などについては明らかにされていないが、神事を描いた絵画として大変重要かつ貴重なものである。

◆古代のかざり

出雲地方には全国的に注目される考古資料が多数発見されている。荒神谷遺跡の青銅器などが最たる例であるが、本展では「古墳をかざる」をテーマとして、少ない出品数ながらも展示を試みた。なかでも「石棺式石室」とよばれる横穴式石室や横穴墓など独自の形態をそなえていた出雲の後期古墳に、祭祀道具として用いられた出雲型子持壺もこの地域特有の須恵器である。子壺がたくさん付くなど装飾的要素が強い出雲型子持壺は、底部に穴があいていることから容器としての機能はなく、古墳祭祀における「かざり」的な意味があっただろう。

勾玉は、被葬者の装身具、あるいは副葬品として古墳から多く発見される。弥生時代の様相を踏襲しながら、古墳時代に入ると多種多彩になっていく。特に出雲地方の勾玉には花仙山から産出される碧玉、メノウ、水晶などの多彩な石が用いられ、色彩豊かな「かざり」として全国に広がっていった。

◆祭礼と神楽のかざり

美保神社の青柴垣神事と諸手船神事は、美保神社が同社氏子と共に守り伝えてきた神話に基づく神事である。本章で紹介した「7　蒼柴籬神事絵巻」「9　私祭詳解」は、共に昭和時代に描かれ、長い期間執り行われる美保神社の神事を詳細に美しい形で記録している。

松江市に伝わる伝統的な出雲神楽として、佐陀神能は有名であるが、同系の神能として現代に伝わっているのが亀尾神能である。佐陀神能と亀尾神能との違いに演目の名称が多少異なることが挙げられるが、同系の神能として伝わっている。亀尾神能保存会に保管される神能面の一部に、「文政七年」の墨書があり、亀尾神能の歴史の長さを証拠づけるものである。神能・神楽の面や装束などは大事に保存されているものの、舞われている中で損傷しやすい。だからこそ、亀尾神能保存会で保存されてきた「文政七年」の墨書がある神能面の存在が稀有なものとなってくる。また、現在行われていないものの、かつて明治時代以前に舞いがおこなわれていたことを示す「25　紺木綿地彩雲文狩衣」「26　麻地松竹梅鶴亀文素襖・袴・烏帽子」は、現在の華やかな衣装とは違い、素朴ながらも染めた吉祥文が美しい衣装である。

◆武士のかざり

武器・武具は、時代が下るにつれて実用的要素から装飾的要素を色濃くしていった。豪華な装飾は威信を示し、派手で奇抜な兜は戦の中で自分を誇示する。相手を威圧して目立つことが、次なる軍功を認めさせる一つの手段となることから生まれたのが、変わり兜と呼ばれる奇抜な兜や甲冑である。戦国時代は、手柄を立てた本人が突然出世するような世の中で、いかに目立つかがより重要であった。兜や鎧は、敵に対しては威嚇、味方に対しては士気を上げる効果が求められた。武士が身に着ける甲冑や兜には、様々なモチーフが使われ、武功を誇り、自らを奮い立たせるかざりであったことがうかがえる。松江藩が戦場で敵味方を区別できるように用いた合印は、ハート形を上下さかさまにした「猪の目」印であり、松江藩士が着用する兜の前立にその姿を見ることができる。「猪の目」印は、猪のように引き下がらず、勇敢に立ち向かうという意味がある。他にも「28　黒小札紺糸縅蜻蛉型前立兜具足」は、蜻蛉をモチーフとした兜が目を引く。蜻蛉《とんぼ》は「勝ち虫」といい武士の美徳を表すモチーフだった。

江戸時代中期になると、大名や上級武士が古式鎧である大鎧や胴丸などを模造した復古調鎧を制作させる。実戦向きではなく、あくまで飾りのためのものである。その目的は、「鎧着初の祝儀」のためで、八幡宮や摩利支天を祀り、その前に鎧を飾り、洗米、香炉、花、酒をそなえ、正面に餅を置き、男子が用意した鎧を着るという儀式である。「27　金小札紫裾濃縅大鎧」は松江藩松平家が復古調鎧として仕立てたものと考えられ、これら復古調鎧の特徴として、精緻入念で豪華絢爛な装飾が特徴である。また、「31　葵紋蒔絵白銀造毛抜形太刀拵」「42　葵紋散らし蒔絵刀掛」も権威を表すかざりとして機能していた。梨子地に金蒔絵で葵紋が描かれ、大名家の格式を誇示する要素が多分に含まれており、江戸時代後期の武士のかざりには、権威の誇示に重きが置かれていたことがわかる。

◆第四章　生活の中のかざり

平田一式飾りは、陶器などの日用品を変形・穴を開けずに意外な材料を組み立て、人々を驚かし楽しませ遊びの趣向が凝らされているかざりである。一番古い記録として、安政三(一八五六)年に茶器一式の飾りがあったことや、「高砂」などの吉祥を主題とした飾りの記録が残されている(註4)。一式飾りの文化は、近隣だと鳥取県南部町法勝寺などに存在し、西日本各地にその文化は存在するが、出雲地方にゆかりがある「弁慶」をテーマにした一式飾りが作られたり、「63　平田一式飾り　自転車部品一式〔海老〕」のように、自転車部品で海老を作るなど独自性が見られる(註5)。

また、松江には、ホーランエンヤと呼ばれる松江城山稲荷神社式年神幸祭、そして鼕行列という華々しい祭礼が存在する。現在、十年に一度行われるホーランエンヤは、華麗な時代絵巻とも謳われる船神事である。松江城内に鎮座する城山稲荷神社の御神霊を船で約十km離れた東出雲町内にある阿太加夜神社へ運び、一週間にわたって祈祷を行った後、松江城山稲荷神社に戻る。神輿船の引船である櫂伝馬船には、鮮やかな衣装を着た剣櫂や采振などの踊り手が乗船し、唄や太鼓にあわせて踊る。

鼕行列は、現在毎年十月第三日曜日に行う歳徳神の祭りである。直径四尺(一m二十cm)から六尺(一m八十cm)の鼕と呼ばれる大きな太鼓を打ち、横笛を吹き、チャンガラ(直径十二cmの小さなシンバル)を鳴らしながら、練り歩く。鼕行列は、江戸時代、正月に行われる左吉兆(左義長・トンドさん)がルーツだといわれている。各町の種々の法被や美しく着飾った人々と鼕台(一〜三台の鼕を乗せる屋根付きの山車屋台)が祭りを彩る。法被には、紺や深緑色などの地に各町内の町名をデザインした模様をあらわしている。

◆まとめ

本展は、出雲地方に伝わる古代から近代に至るまでの幅広いかざりを紹介した。出雲国にみられる特有のかざりは、いにしえより伝えられた神事や祭礼が文化の隅々にまで浸透し、守り伝えている点においてその真価を発揮している。神社本殿の天井絵や壁画、そして古来守り伝えられてきた祭礼が存在し、他の地方には見られない特有のものが存在する。その点でいうと、本展の構成において、近世の中心であった松江藩の武士文化については、古代からとは違う文化の影響があったことは否めないが、近世の豪華絢爛な武士文化も出雲国を彩った重要なかざりとして紹介した。また平田一式飾りも、突如発生したものではなく、近世の交通手段が発達し、上方の流行を受けて発生したものだったが、この地ならではの主題である「弁慶」などが伝統的なテーマとなったことは、地元で新たな発展を遂げたといえる。

しかし、筆者の浅学故に取り上げられなかったかざりも存在する。松江市には多くの神社仏閣が存在し、各寺社に伝わる祭礼が多数存在する。これらのかざりをもっと紹介できなかったことが一つの反省点である。また、生活の中のかざりは、生活様式が急速に変化していく中でその姿が各家庭で見られなくなり、やがて忘れ去られていくためか、古写真に映る姿でしかわからず、尚且つ、それぞれの飾りがどのような用途で用いられているか努力不足のため調べられなかった。右記については今後の課題としたい。

参考文献

（註１）『島根県文化財調査報告書　第５集』島根県教育委員会、一九六五年
『風土記の丘周辺の文化財』、島根県教育委員会、一九七五年
『企画展　意宇の神仏の宝もの　出雲国の源流から』島根県立八雲立つ風土記の丘、二〇一二年
『意宇六社めぐり　ガイドマップ』ＮＰＯ法人東出雲まちの駅女寅、二〇一五年
（註２）『日本書紀成立１３００年　特別展　出雲と大和』島根県、奈良県、二〇二〇年、三〇九頁
（註３）濱田隆、有賀祥隆「絵画―神殿壁画―」『風土記の丘周辺の文化財』、島根県教育委員会、一九七五年、二四一―二五四頁
（註４）『平田一式飾り　追録版』平田一式飾り保存会、二〇一八年、一八頁
（註５）『平田一式飾り　追録版』平田一式飾り保存会、二〇一八年、五四頁

謝辞

本展の開催にあたり、貴重な所蔵品をご出品を賜り、またご協力いただきました左記の関係諸機関、関係各位、および名前を控えさせていただいたご所蔵者の皆様に心より感謝申し上げます。また、本展示の企画・開催につきまして、六所神社宮司吉岡弘行氏に多大なるご指導ご助言を賜りました。この場をお借りし、深く感謝の意を表します。

（五十音順・敬称略）

出雲大社
揖夜神社
鹿島歴史民俗資料館
亀尾神能保存会
神魂神社
熊野大社
島根県教育庁文化財課
島根県埋蔵文化財調査センター
島根県立古代出雲歴史博物館
島根大学 法文学部 考古学研究室
平田一式飾り保存会
眞名井神社
松江神社
美保神社
賣布神社
持田神社
八重垣神社
六所神社

主要参考文献

『風土記の丘周辺の文化財』
島根県教育委員会、一九七五年
『島根県文化財調査報告書　第五集』
島根県教育委員会、一九六五年
『松平家寄進宝物展』
松江郷土館、一九九五年
『輝く出雲ブランド　古代出雲の玉作り』
島根県立古代出雲歴史博物館、二〇〇九年
『出雲型子持壺の正解～不思議な壺から古代をのぞこう～』
島根県立八雲立つ風土記の丘、二〇一一年
『KAZARI　日本美の情熱』
サントリー美術館、NHKプロモーション、二〇〇八年
『日本の美―飾りの世界』
NHKサービスセンター、一九八八年
『企画展　意宇の神仏の宝もの　出雲国の源流から』
島根県立八雲立つ風土記の丘、二〇一二年
『松江市史　史料編2考古資料』
松江市、二〇一二年
『古事記1300年・出雲大社大遷宮　特別展覧会『大出雲展』』
京都国立博物館、島根県立古代出雲歴史博物館、二〇一二年
『意宇六社めぐり　ガイドマップ』
NPO法人東出雲まちの駅女寅、二〇一五年
『古墳文化の珠玉―玉は語る出雲の煌めき―』
島根県立古代出雲歴史博物館、二〇一九年
『日本書紀成立一三〇〇年　特別展　出雲と大和』
島根県、奈良県、二〇二〇年
『企画展　編纂1300年　日本書紀と出雲』
島根県立古代出雲歴史博物館、二〇二〇年

企画展

出雲国を彩るかざり

発行日　令和二（二〇二〇）年十二月四日
編集・発行　松江歴史館
〒六九〇-〇八八七
島根県松江市殿町二七九番地
TEL　〇八五二―三二―一六〇七
FAX　〇八五二―三二―一六一一
URL　https://matsu-reki.jp/

販売　ハーベスト出版
〒六九〇-〇一三三
島根県松江市東長江町九〇二-五九
TEL　〇八五二―三六―九〇五九
FAX　〇八五二―三六―五八八九
URL　https://www.tprint.co.jp/harvest/
E-mail　harvest@tprint.co.jp
印刷・製本　谷口印刷

Printed in Japan
ISBN978-4-86456-367-3　C0021 ¥1000E